ALTDEUTSCHE TEXTBIBLIOTHEK

Begründet von Hermann Paul †
Fortgeführt von G. Baesecke †
Herausgegeben von Hugo Kuhn
Nr. 9

I0641950

Winsbeckische Gedichte
nebst
Tirol und Fridebrant

Herausgegeben

von

Albert Leitzmann

Dritte, neubearbeitete Auflage

von

Ingo Reiffenstein

MAX NIEMEYER VERLAG / TÜBINGEN 1962

Einleitung

Für die vorliegende Neubearbeitung von Leitzmanns Wins-
becken-Ausgabe wurde der Text an sämtlichen Handschriften
neu geprüft. Dabei waren Textänderungen nur an wenigen Stel-
len erforderlich. Wo ich geändert habe, lehnt sich der neue Text
meist noch enger an die Leithandschrift *J* an. Schon Leitzmann
hatte ihren Wert erkannt und sie seiner Textherstellung zugrunde
gelegt. Vor allem das neu aufgefundene Fragment *E* bestätigt
die Richtigkeit dieser Wertung. Als wichtigste Neuerung gegen-
über den ersten beiden Auflagen wurde dem Text ein nicht zu
knapper Lesartenapparat beigegeben. Die einzige kritische Aus-
gabe des Winsbecken und der Winsbeckin hat 1845 Moriz Haupt
besorgt. Aber Haupt hatte seinem Text die Handschrift *B* zu-
grunde gelegt, die Abweichungen zwischen Haupt und Leitz-
mann sind daher beträchtlich (vgl. das Verzeichnis in der 2. Auf-
lage dieses Heftes 1928, S. XXVII ff.). Vor allem aber wurden
seit 1845 zu den damals bekannten 6 Handschriften *(BCJKgw)*
nicht weniger als 5 neue Textzeugen *(EMWkl)* aufgefunden.
Die Bezugnahme auf die veraltete Ausgabe (deren Anmerkungen
aber von Wert sind) schien mir daher entbehrlich, da ja Haupts
Apparat nur die halbe Überlieferung bieten konnte. Der Les-
artenapparat verzeichnet grundsätzlich alle echten Textvarian-
ten, auch offenkundige Änderungen junger Handschriften (wie
z. B. die Ersetzung von *minnen* durch *liep haben* in *l* u. ä.). Die
Überschaubarkeit der Überlieferung erlaubte diese vollständige
Berücksichtigung. Hingegen sind alle bloß orthographischen
und mundartlichen Abweichungen unberücksichtigt geblieben.
   Neu aufgenommen ist die Winsbecken-Parodie. Nachdem
zuerst J. Seemüller 6 Strophen eines Persenbeuger Pergament-

blattes veröffentlicht hatte (ZfdA 55, 1917, 439 ff.), gewann jene
parodierende Umdichtung Gestalt durch die von H.-F. Rosenfeld entdeckten und veröffentlichten 16 Strophen des Kopenhagener Fragments *W* (ZfdA 67, 1930, 109 ff.). Die Parodie ist
neben der Fortsetzung des alten Winsbecke-Gedichtes (Str. 57ff.)
und neben der Winsbeckin ein weiteres Beispiel dafür, in welcher
Weise in spätmhd. Zeit das alte ritterliche Lehrgedicht weitergebaut wurde: moralisierend und den Grundton des hochhöfischen Gedichtes in sein Gegenteil verkehrend in der Fortsetzung,
das weibliche Gegenstück dazu – um eine gute Stufe im Niveau
heruntergedrückt – in der Winsbeckin, und hier nun Anstandsregeln in negativer Form, in der *grüenen varwe* des Wittenweilers
(Ring 41).

Aus praktischen Gründen wurde die Verbindung der Winsbeckischen Gedichte mit den didaktischen und epischen Fragmenten von Tirol und Fridebrant beibehalten. Sachlich ist diese
Verbindung nur durch die Vater-Sohn-Lehren im Tirol (Str.
25ff.) sowie durch die Strophenform beider Gedichte gerechtfertigt (die einfachere Tirol-Strophe ist die Grundlage für die
weiterentwickelte Winsbecke-Strophe). Da die Tirol-Fragmente
aber sonst nirgends so bequem zugänglich sind, wurden sie wieder mit abgedruckt. Den Apparat habe ich neu bearbeitet. –
Die Einleitung wurde völlig neu geschrieben.

Handschriftenverzeichnis und Texteinrichtung

Der alte Teil des Winsbecken (Str. 1–56) ist in 6 vollständigen Handschriften überliefert, 5 weitere Hss. sind fragmentarisch oder enthalten nur Einzelstrophen. Die Fortsetzung Str.
57 ff. steht nur in 5 der Haupthss. Die Winsbeckin ist in 4 Hss.
enthalten, die ersten acht Strophen außerdem in *k* und Fragmente von 5 Strophen in *W*. Teile einer Winsbecke-Parodie
sind in den Fragmenten *W* und *P* erhalten.

B = Stuttgart, Weingartner Liederhs. Faksimile: Die Weingartner Liederhandschrift in Nachbildung, mit Begleitwort von

Karl Löffler, Stuttgart 1927. Abdruck: Die W.L., hrsg. von
Franz Pfeiffer und F.Fellner (= Bibl.Lit.Ver. 5), Stuttgart
1843. Weitere Lit. bei Carl von Kraus, Deutsche Liederdichter
des 13. Jhs., Tübingen 1952–58 (im folgenden abgek. KDL),
I, S. XIV. Enthält S. 206–220 67 Strophen des Winsbecken und
S. 220–228 37 Strophen der Winsbeckin.

C = Heidelberg Univ.-Bibl. Cod.Pal.Germ. 848, die Große
Heidelberger (Manessische) Liederhs. Faksimileausgabe der
Manessischen Hs, Leipzig 1925–29. Abdruck: Die große H.L.,
hrsg. von Fridrich Pfaff, Heidelbg. 1909. Vgl. KDL I, S. XV.
II, S. IX. Enthält Bl. 213ᵛ–216ᵛ 75 Strophen des Winsbecken,
Bl. 213ʳ das zugehörige Bild; Bl. 217ᵛ–219ʳ 39 Str. der Wins-
beckin mit dem zugehörigen Bild (Bl. 217ʳ).

E = Berlin Preuß. Staatsbibliothek, Ms. germ. 4⁰ 1532,
Fragment aus Erfurt, Perg., Ende 13. Jh. Beschrieben von
J.Kirchner in: 15 Jahre Kgl. und Staatsbibliothek, Berlin 1921,
S. 148f. Enthält außer Gregorius-Fragmenten 31 Strophen des
Winsbecken (davon die erste und letzte unvollständig); abge-
druckt von Hans-Fr.Rosenfeld in ZfdA 66, 1929, 149–170 (dort
auch Hinweise auf die Herkunft der Hs.). Nach frdl. Mitteilung
der Deutschen Staatsbibliothek Berlin heute verschollen.

g = Gotha Landesbibl., Cod. Chart. B 53, die Gothaer Frei-
dank-Hs. (bei Bezzenberger B), Papier, 15. Jh. Fr. Jacobs, Be-
schreibung der deutschen Gedichte des Mittelalters, welche in
der Bibl. zu Gotha aufbewahrt werden, Leipzig 1837, 94ff. Ent-
hält Bl. 129ʳ–142ʳ 52 Strophen des Winsbecken, Bl. 145ʳ–154ʳ
38 Strophen der Winsbeckin; abgedruckt von Gg Fr.Benecke
in dessen Beiträgen zur Kenntnis der altdt. Spr. u. Lit., 2.Hälfte,
Göttingen 1832, 455–492.

J = Tübingen Univ.-Bibl., Depot der ehem. Preuß. Staats-
bibl., Ms. germ. fol. 474, die Berliner Nibelungenhs., Perg., 1323;
die Hs. befand sich ursprgl. wahrscheinlich auf Schloß Annaberg
im Vintschgau, vgl. Germ. 9, 1864, S. 381 (sie ist, wie die schwäb.
oder nordbair. Schreibformen erweisen, allerdings kaum in Süd-
tirol geschrieben worden); Beschreibung und Teilabdruck der

Hs. durch Fr. Heinr. von der Hagen in Germania, Neues Jb. d.
Berl. Ges. f. dt. Spr. u. Altertumskde 1, 1836, S. 251-275. Wins-
becke und Winsbeckin sind vollständig abgedruckt ebenda 2,
1837, 182-203. 240-251 (mit Ausnahme einiger schon 1, 271 ff.
abgedruckter Strophen). Zur Hs. vgl. noch K. Lachmann, Der
Nibelunge Noth und die Klage, Berlin ⁶1960, S. VII. XIX. Ent-
hält, unmittelbar an die Klage anschließend, Bl. 61ᵛ–65ᵛ 78 Str.
des Winsbecken und Bl. 65ᵛ–68ʳ 39 Str. der Winsbeckin (alle
Str. mit Überschrift). – Die Nibelungenhs. *h* (Tübingen, ehem.
Preuß. Staatsbibl. Ms. germ. fol. 681, Papier, 15. Jh.) ist eine
jüngere Abschrift von *J* und enthält wie die Vorlage neben dem
Nibelungenlied und der Klage den Winsbecken und die Wins-
beckin. Sie stimmt mit *J* in Strophenbestand und Text (von den
jüngeren Sprachformen und nicht wenigen Mißverständnissen
abgesehen) genau überein und wurde, da sie keinen selbständigen
Wert besitzt, für die Textherstellung wie für den Lesartenappa-
rat nicht herangezogen. Beschreibung und Textproben: F. H.
v. d. Hagen in Neues Jb. 4, 1841, 1-12. Vgl. noch K. Lachmann,
Der Nibl. Noth S. IX. XXIV.

K = Basel Univ.-Bibl., B. XI. 8, Perg., Anfang 14. Jh. Zum
Inhalt der Hs. vgl. Wilh. Wackernagel in: Altdt. Bll. 2, 1840,
S. 124-133; zur musikgeschichtl. Bedeutung der Hs. Jacques
Handschin in: Festschrift f. Karl Nef Zürich 1933, S. 125 ff. Vgl.
noch K. Lachmann – C. v. Kraus, Die Gedichte Walthers v. d.
V., Berlin ¹²1959, S. XV; KDL I, S. XX (Hs. q). Enthält Bl. 2ᵛ
bis 4ʳ 6 Strophen des Winsbecken, Bl. 161ʳᵛ eine Str. einer geist-
lichen Umdichtung; alles abgedruckt von W. Wackernagel a. a. O.
S. 127-129.

k = München Staatsbibl., Cgm. 4997, die Kolmarer Liederhs.,
Papier, 15. Jh. Vgl. KDL I, S. XX. II, S. IX; Heinr. Husmann,
Aufbau und Entstehung des Cgm. 4997, in: DVjs 34, 1960,
S. 189-243, über die Winsbecken-Partie bes. 233. Enthält Bl.
728ʳ–733ʳ 63 Strophen *(k₁)*, Bl. 803ʳ–807ᵛ 53 Strophen *(k₂)* des
Winsbecken; 43 Strophen sind in k_1 und k_2 parallel überliefert;
Bl. 800ʳᵛ stehen 8 Strophen der Winsbeckin. Eine Kollation der

Kolamrer Hs. mit Haupts Ausgabe hat A.Leitzmann in: Beitr. 13, 1888, 248–255 veröffentlicht. – Die unterscheidenden Siglen k_1, k_2 werden im Lesartenapparat nur im Hss.-Verzeichnis zu Beginn jeder Strophe gebraucht sowie dann, wenn Abweichungen zwischen beiden Redaktionen bestehen. Sonst steht hinter den Lesarten nur die Sigle k.

l = Rom Bibl. Apost. Vaticana, Rossiano 708 (alte Sign. Ross. X. 88), bis 1924 im Jesuitenkolleg Lainz bei Wien aufbewahrt, Papier, Mitte 15. Jh. Enthält Bl. 136^r–142^r 73 Str. des Winsbecken. Handschriftenbeschreibung, Inhaltsangabe und Kollation des Winsbecken mit dem Text der 1. Aufl. dieses Heftes von Clemens Biener in ZfdA 53, 1912, S. 288–303.

M = Münster Univ.-Bibl., Hs. 1053, Doppelblatt, 1.Hälfte 14. Jh., war auf dem Vorderdeckel eines Bandes aus Kloster Wedinghausen bei Arnsberg eingeklebt. Von Bl. 2 ist fast die Hälfte in senkrechter Richtung abgeschnitten. Enthält 21 Strophen des Winsbecken, 12 davon mit starken Textverlusten; abgedruckt von Alois Bömer in ZfdA 49, 1908, S. 135–145.

P = Wien Nationalbibliothek, Cod. Vind. Ser. nov. 3809, Fragment aus Persenbeug (Niederösterreich), Pergamentdoppelblatt, 14.Jh. Enthält neben 56 Versen des Strickerschen ‚Königs im Bade' (unser Blatt nicht genannt in Zwierzinas Verzeichnis der Strickerhss. bei C. v. Kraus, Mhd. Übungsbuch ²1926, 279 ff.) 6 Strophen der Parodie (die erste unvollständig). Das ganze Fragment beschrieben und abgedruckt von Jos. Seemüller in ZfdA 55, 1917, S. 439–444.

W = Kopenhagen Kgl. Bibliothek, Ny kgl. Saml. 662, 8⁰, 4 Pergamentfragmente (obere und untere Teile von drei Doppelblättern), 2.Hälfte 14. oder Anfang 15. Jh. Beschreibung und Abdruck der Hs. (von den Winsbecke-Str. nur eine Kollation) von H. F. Rosenfeld in ZfdA 67, 1930, S. 109–122. Enthält 4 Str. des Winsbecken (drei unvollständig), 5 Strophen der Winsbeckin (alle unvollständig) und 16 Strophen der Parodie (alle unvollständig).

w = Wien Nationalbibliothek, Cod. 2701, Pergament, 14. u.

15. Jh. (Sammelhs.). Faksimile: Gesänge von Frauenlob, Rein-
mar von Zweter und Alexander ... nach der Hs. 2701 der Wiener
Hofbibliothek, hrsg. von Heinr. Rietsch (= Denkmäler der Ton-
kunst in Österreich, Jg. 20/2, Bd. 41), Wien 1913 (Neudruck Graz
1960); Herm. Menhardt, Verzeichnis der altdt. literarischen
Handschriften der Österr. Nationalbibl. I, Berlin 1960, S. 140f.;
Die Gedichte Reinmars von Zweter, hrsg. von G. Roethe, Leip-
zig 1887, S. 147f. Enthält Bl. 49^v 50^v 6 Strophen des Winsbecken
(die letzte unvollständig).

Im Verhältnis der einzelnen Handschriften zueinander lassen
sich deutlich Gruppen erkennen; in keinem Fall besteht aller-
dings eine unmittelbare Abhängigkeit einer Handschrift von
einer anderen (von der Abschrift h aus J abgesehen). Ein klares
Bild der Handschriften-Filiation läßt sich daher nicht gewinnen.
H.-Fr. Rosenfelds Untersuchungen ZfdA 66, 158ff. führen zwar
über Leitzmann (Beitr. 13, 1888, 257ff. und in der Einleitung
dieser Ausgabe) weit hinaus, sein Stemma S. 166 überzeugt aber
nicht völlig. Die zahlreichen Querverbindungen, die zwischen
einzelnen Hss. gegen ihre Gruppen bestehen, ergeben ein erheb-
lich komplizierteres Bild. Auf Rosenfelds Zusammenstellungen
gemeinsamer Lesarten sei hier ein für alle Mal verwiesen (a.a.O.
159ff.).

Ein wichtiges Kriterium für die Zusammengehörigkeit einzel-
ner Hss. ist die Strophenanordnung. Hierin weicht g weitaus am
stärksten von der Normalordnung (JB) ab; soweit sich aus dem
Fragment E erkennen läßt, wurde hier ein ähnliches (wenn auch
nicht völlig übereinstimmendes) Anordnungsprinzip beachtet
wie in g. Auch die Gruppe Cl hat einige übereinstimmende Um-
stellungen (dazu in l noch einige, die C nicht kennt).

Von der Textgestaltung her ergeben sich im wesentlichen drei
(vier) Gruppen. Für sich allein steht J. Diese Hs. bietet nicht
nur den vollständigsten, sondern auch den bei weitem besten Text
und steht – obwohl auch nicht fehlerfrei – dem Archetypus zwei-
fellos am nächsten. Richtige Lesarten von J können von jeder
anderen Hs. bestätigt werden; in einigen (wenig gewichtigen)

Fehlern geht *J* mit *B, E* oder – noch am häufigsten – mit *k* zu-
sammen (Rosenfeld S. 167, dazu noch *Jk:* 20.8 *verwegen;* 21.1
gen; 41.3 fehlt *im*). Die zweite Gruppe wird von *Bk* gebildet.
B steht *J* zwar in vielen Laa. nahe, bietet im ganzen aber einen
schlechten und vielfach sinnstörend entstellten Text. *k* lehnt
sich deutlich an *B* an, hat aber auch mit anderen Hss. (u. a. mit
C und bes. mit *g, l*) gemeinsame Abweichungen; die beiden
Redaktionen k_1, k_2 stimmen fast durchwegs genau überein. Am
ausgeprägtesten sind die Gemeinsamkeiten innerhalb der Gruppe
Cl. In *C* liegt eine bewußt modernisierende, glättende Bearbei-
tung vor. *C* bietet zwar im großen und ganzen einen guten Text,
ist aber für die Textherstellung nur dann brauchbar, wenn sie
durch *J* oder *B* gestützt wird; in einem einzigen Fall hat *Cl*
(durch Konjektur?) gegen alle anderen Hss. das Richtige: 35.7
sine wile Cl: sinen willen BEJgk. Die enge Verwandtschaft von
Cl läßt sich an zahlreichen Beispielen belegen. Dennoch ist *l*
nicht unmittelbar von *C* abhängig: es hat in einigen Fällen eine
ältere La. als *C* (9.10 *aht(e) BEJgl: wise C;* 32.9 *verre BJkl,*
verrer E: fúr ere C, faste g; vgl. noch 29.9.10; 30.9) und stimmt
in manchen Fehlern gegen *C* mit anderen Hss. zusammen (23.9
velscheleren CJ: wehseleren Bl u. v. a.). Darüber hinaus ist *l* da-
durch charakterisiert, daß der Grundton des Gedichtes stark
ins Geistliche gewendet ist. Die Gruppe *Eg* ergibt sich vor allem
aus den starken Abweichungen in der Strophenanordnung, wird
aber auch durch gemeinsame Lesarten bestätigt (bes. 9.10 *Judas*]
viendes; 30.7 *machent*] *hais(s)e ich* [Str. 30 fehlt allerdings in
Cl], weitere bei Rosenfeld 160). *Eg* hat viele Beziehungen zu *Cl*
(z. B. 35.6 *ze gúte niht B(k): ze danke niht CEg(l), ze dienst niht*
J; 52.1 *dinc BJk: wort CEgl*), hat sich vom Archetypus (am
besten durch *J* vertreten) aber nicht so weit entfernt wie *Cl*.
Von den Fragmenten und Einzelstrophen steht *M* und *W* der
Gruppe *Eg–Cl* nahe (Rosenfeld 163. 166; ZfdA 67, 113); *w* hat
Gemeinsamkeiten mit *C* (1.2 *manigem;* 2.8 *funden w* ist sicher
aus *súnden C*, dies wieder aus *swinden BJ* entstellt; ferner 1.1.6)
wie mit *J* (1.8 *rehte leren;* 2.1 *reineclichen;* 2.9 *dienen BJkw:*

volgen (*-et Kl*) *CKMgl*); *K* schließlich steht für sich, hat einige selbständige Abweichungen (2.4 *goukel*] *jamer;* 56.10 *behalt si*] *Nv phligir*), aber im ganzen einen guten Text.

In der Winsbeckin ist das Verhältnis der drei Haupthandschriften *B, C, J* zueinander gleich wie im Winsbecken. Zu *J* tritt hier aber das Fragment *W*, zu *C* hingegen viel enger als im Winsbecken *g* und *k* (von dem allerdings nur der Anfang überliefert ist). Die Neubearbeitung *Cg* greift hier in den alten Text noch stärker ein als im Winsbecken. *B* hingegen bietet hier einen besseren Text als dort.

Nach Ausweis der Sprache ergeben sich folgende Herkunftsgebiete für unsere Handschriften: Alemannisch sind *B, C, K* (wohl im Umkreis von Basel entstanden) und *g* (zu 36.1 ... *es senge frû Dz zů einer nesseln werden sol g* vgl. in heutiger Mundart das niederalemannische Gebiet mit *Sengnessel* für ,,Brennnessel" im Dt. Wortatlas 1, 1951). Schwäbisch sind wahrscheinlich *J* (oder dies nordbair.?) und *E* (Rosenfeld ZfdA 66, 151: nordschwäb.). Im Ostschwäbischen lassen sich folgende Formen von *J* am ehesten unterbringen: Sproßvokale in *zewischen* 9.9, *tewingen* Wkin 7.9. 25.8. 26.2 (gegen *twingen* 47.1, Wkin 28.6. 32.4)[1], sowie in den Lautgruppen *-rn, -ln* (*zoren* 30.3. 75.9 und die häufigen Infinitiv- und Partizipformen *erweren, varen, geren, sulen, welen, zelen* usw.; dies allerdings auch bair.), die nicht selten *å* für *â*, die auffälligen *œ* für *ei* (immer *bœde* usw.; *œ* kann hier nur *ei* vertreten, *œ* für *ê* kommt nie vor) und *egi, age* (*trœt, sœt* 38.8. 54.1 u.ö.)[2]; *au* (in *J* vereinzelt auch *å* und – wohl nur Schreibfehler – *a*) für *ou* ist im Ostschwäb. ebenso wie im Bair.

---

[1] Ein ausgesprochener Alemannismus, vgl. Fr. Kauffmann, Geschichte der schwäb. Mundart, Straßburg 1890, S. 118 (§ 110, 5, A. 1). B. Boesch, Untersuchungen zur alem. Urkundenspr. des 13. Jhs., Bern 1946, S. 131. R. Klappenbach, Beitr. 68, 1945/46, S. 232 ff.

[2] Am häufigsten ostschwäbisch, vgl. Kauffmann, Gesch. S. 88 (§ 91, A. 1). 92 (§ 93, A. 1). K. Bohnenberger, Zur Gesch. der schwäb. Mundart, Tübingen 1892, S. 106, allerdings vereinzelt auch bair. (Weinhold, Bair, Gr. § 42). Sonst hat J überwiegend *ei*, nur vereinzelt *ai*.

belegt (Kauffmann, Geschichte S. 92 ff.); zum Schwäb. paßt
auch der Konsonantismus (*p* für *b* nur im Auslaut, nicht aber –
wie man es im Bair. erwarten müßte – auch im Anlaut; *ch* meist
in der Lautgruppe *-nk*, seltener in *rk*, *-ng* sowie meist in *-ig*) und
die sehr weitgehend durchgeführte Apokope der auslautenden
-e[1]. Ins Fränkische könnte *gi-*, *bi* - weisen; es ist jedoch auch alem.
(auch schwäb.?) häufig, vgl. Boesch, Alem. Urkundenspr. 126.
Auffällig – und weder alem. noch schwäb. – sind die regelmäßig
gebrauchten *e*-Formen *gen*, *sten* (außer in *J* nur noch in *l*) gegen
überwiegendes *gan*, *stan* aller übrigen Hss. Ein ähnliches ortho-
graphisches Bild wie *J* zeigt auch *E*. Abweichend von *J* hat *E*
regelmäßig *ai* für *ei*, aber nur *ou;* für *â* wird nur *a* (nie *â* o.ä.)
geschrieben, die Präfixschreibungen sind *ge-*, *be-*, schwachtoniges
-e ist durchgehend erhalten. – Jedenfalls kommen wir mit *JE*
der mutmaßlichen Heimat des Dichters (ein Herr von Winds-
bach an der Rezat, bei Ansbach?) im südl. Ostfränkischen recht
nahe. – Sicher bairisch sind lediglich *PW* (Rosenfeld ZfdA
67, 110). — Aus dem westmitteldt. Raum stammen *M, k, l, w.*
Die Sprache von *k* widerspricht nicht der freilich späteren Ein-
tragung, wonach der Codex in Mainz entstanden wäre (vgl. zu-
letzt Husmann, DVjs 34, 191), vgl. die westmd. Form *zuschen*
9. 9 (R. Klappenbach, Beitr. 68, 1945, 233 ff.; H. Teuchert, Beitr.
71, 1949, 266 ff.), das Fem. *die bach* 35. 10 (O. Philipp, ZfdMdaa
1906. 1907. 1908; A. Bach, Dt. Namenkunde II, 1953, § 71), das
unverschobene *p-* in *paffen, plegen* usw. Etwas weiter nördlich
(hessisch oder mittelfrk.) dürfte die Heimat von *M, l* und *w* lie-
gen; *l* teilt mit *k* die Formen *zuschen, die bach, p-,* hat aber dazu
noch die *r*-Metathese (3. 2 *burnet*, so auch in *g* und *w*) und die auf-
fälligen Dehnungs-*i*; *Mw* haben für das Pron. *er* die md. Misch-
form *her*. Für weitere Eigenheiten vgl. die Anmerkungen zum
Apparat unten S. XVI f.
    Die unter dem Titel Tirol und Fridebrant vereinigten
Stücke sind jeweils nur in einer Handschrift überliefert.

---

[1] Vgl. Kaj B. Lindgren, Die Apokope des mhd. *-e* in seinen verschie-
denen Funktionen (= Ann. Ac. Scient. Fenn., B 78, 2), Helsinki 1953.

$C =$ die große Heidelberger Liederhs. (vgl. oben die Angaben beim Winsbecken) enthält Bl. 8^v–9^v die didaktischen Teile (Rätsel- und Lehrgedicht).

$G =$ zwei Doppelblätter einer Pergamenths. des ausgehenden 13. Jhs. aus dem Besitz Jacob Grimms, enthalten die epischen Fragmente. Zuerst beschrieben und veröffentlicht von J. Grimm ZfdA 1, 1841, 7–20. Einen neuen, auf sorgfältiger Prüfung der Hs. beruhenden Abdruck der Fragmente hat Harry Maync gegeben (H. M., Die altdeutschen Fragmente von König Tirol und Fridebrant, Tübingen 1910); dem Buch sind Faksimiletafeln aller vier Doppelseiten beigegeben. Die Hs. war zweispaltig geschrieben. Die erhaltenen Blätter sind am äußeren Rand (mit Textverlust von je etwa einer halben Kolumne) und oben (ebenfalls mit Textverlust) stark beschnitten. Bei Strophenbeginn ist jeweils Platz für die Initiale freigelassen, diese selbst aber nirgends ausgeführt.

Der Text ist grundsätzlich normalisiert. Dies gilt für Winsbecke und Winsbeckin, für die didaktischen Tirol-Strophen aus C sowie für die unversehrten Teile der epischen Tirol-Strophen aus G. Die beschädigten Stücke von G – jeweils die äußere Kolumne jeder Handschrift-Seite – sind handschriftengetreu abgedruckt, mit Beibehaltung auch der Abkürzungen (s und f ist zu s vereinheitlicht). Aus Platzgründen war ein Abdruck, der das Bild der Hs. getreu wiedergegeben hätte, nicht möglich. Die Striche (−−) bezeichnen den äußeren Rand der Hs. (Schnitt!), Punkte unleserliche oder sonst (durch Löcher o. ä.) verlorene Buchstaben[1]. Handschriftengetreu abgedruckt (aber mit auf-

---

[1] Als Beispiel gebe ich A 4 und B 1 nach der Handschrift G:

A 4		B 1
d−−		−−zir...l ge lac
nd−−		−−s..ucht uor
cht...a..den−−	[man]	−−der gar sol
vnde wip−−		−−g.....lt daz der
lip sie ensuochte−−		−−marscalk sult ir
baz ir hochgelob[te]−−		−−ht daz min urowe
gruzeten sie gar−−		−−[marsca]lk zu dem ꝗ wil

gelösten Abkürzungen und mit moderner Interpunktation) sind
auch die unechten Strophen des Winsbecken und der Wins-
beckin aus *g, k* und *J* (Anhang) sowie die eine Strophe einer
geistlichen Umdichtung aus *K*. Der Abdruck der Winsbecke-
Parodie lehnt sich – auch im Schriftbild – möglichst eng an die
Hs. *W* an, die den weitaus besseren Text bietet als *P* und die
im Schreibsystem etwas altertümlicher ist. Ihre Ungleichheiten
sind aber ausgeglichen: $ai = $ mhd. *ei, ei = î, au = û*[1], *ou;* durch-
geführt sind die Schreibungen *uo, üe, ie, iu, œ;* nach mhd. Ge-
brauch geregelt ist *h/ch, z/s,* nicht aber die Auslautverhärtung.
Der Apparat verzeichnet hier auch wichtigere orthographische
Abweichungen. In der Strophenzählung schließe ich mich den
Ergebnissen Rosenfelds an.

Der Lesartenapparat enthält grundsätzlich keine ortho-
graphischen Abweichungen. Die üblichen Abkürzungen wurden
aufgelöst (außer in Zweifelsfällen, in denen *dē* als *dem* oder *den;*
dc, dz als *daz* oder *des* gelesen werden kann). Das erste Wort jeder
Verszeile wurde groß geschrieben, gleichgültig ob dies die Hs.
bietet oder nicht; dies gilt auch für einige Fälle, in denen die
Versgliederung einer Hs. vom Text unserer Ausgabe abweicht.
Sonst wurde Großschreibung der Hss. nicht berücksichtigt. Bei
gleichen, aber orthographisch voneinander abweichenden Les-
arten mehrerer Hss. ist die Schreibform der ersten genannten Hs.
eingesetzt. Bei den epischen Fragmenten des Tirol ist vermerkt,
wessen Ergänzungs- und Besserungsvorschläge berücksichtigt
wurden; ferner sind auch einige erwägenswerte Vorschläge ver-
zeichnet, die nicht in den Text aufgenommen wurden. Die Siglen
bedeuten:

B = K. Bartsch in Germ. 12, 1867, 87 f. (zu seinen Vorschlägen vgl.
     Maync a.a.O. S. 44).
G = J. Grimm in ZfdA 1, 1841, 7 ff.

---

[1] Das zweimalige *leithus* (Par. 12, 4; 14, 9) habe ich nicht verändert.
Es ist denkbar, daß im Nebenton die Diphthongierung noch nicht
durchgeführt war. Aus dem gleichen Grunde ist *-lich* und *-heit* der Hs.
belassen.

He = K.Helm in Literaturbl. 33, 1912, 364 (Bespr. des Buches von Maync).

L = Leitzmann in der 2. Aufl. dieses Heftes.

M = H.Maync, Die ad. Frg. von T. u. F., 1910.

R = Reiffenstein

Wi = E.Wilken, Die Überreste ad. Dichtgen von T.u.F., 1873.

Einzelheiten: Angegeben sind alle Abweichungen der Silbenzahl, also alle apokopierten Formen (sehr häufig in *J*, seltener in *Bgk*), *ime.* *obe* für *im, ob* (bes. *Ml*) usw. Auch der Abfall von *-n, -t* in *M* (*werde, sunde* usw.; *liech* 3.1; *tzuvorsich* 12.3), die alem. *-ent* in *g*, sekundäre zweisilbige Formen wie *sehet M, seget g = sæt* 8.9, die *r*-Metathese in *brennen* (3.2; 36.1) sind verzeichnet. Die Formen *und* und *unde* (in *J* im allgemeinen richtig unterschieden) werden auseinandergehalten und bei Abweichung verzeichnet (die Abkürzung *vñ* wird immer als *vnd* aufgelöst).

Unberücksichtigt blieben generell folgende Abweichungen: Beim Vokalismus Verdumpfung von *â* (*o* ziemlich konsequent in *g*, seltener in *kl;* häufig dafür *â* in *J*)[1], Senkung von *i, u, o* zu *e, o, a* (häufig in *Mkl*)[2], *i* für *e* im Nebenton (Prä- und Suffixe *gi, bi, -in; is, ir* für *ez, er* häufig in *l*), *i* für *ê* (mehrmals *iren* – neben *eren* – in *l*), Rundung von *i* vor *r* (*wurt, wurstu, wurf* für *wirt, wirstu, wirf* in *g*, dafür meist *ü* in *k*), die *ü*-Schreibung in *k* (sehr häufig für *uo, û, u, üe, ü*, sogar in *qüal* 27.4; *ferüallen* 66.2), *u, i, eu* u.ä. für *iu*, Diphthonge für die alten Längen (nur in *W*, aber neben *i, u*, z.B. *weiplich wip* Wkin 1.1! Ansätze in *w*, zwei nicht ganz sichere Fälle in *k*), *i* als Dehnungszeichen (sehr häufig *hait, lais, noit* usw. in *l*), Gleitlaut *-g-* im Hiatus *(leigen, frigen* usw. bes. in *Cg)*. Beim Konsonantismus alle Auswirkungen der Konsonantenschwächung (*strig, blig, dang, krang, dogent* usw. bes. häufig in *gk*, dazu das Unterbleiben der Auslautverhärtung), das

---

[1] *Do* für *dâ* ist nur dann verzeichnet, wenn die Interpretation nicht eindeutig ist. Die Hs. *g* hat nur *do*.

[2] Auch das häufige *sal, salt Ml* ist als lautliche Form, gleich wie *ab(e)* für *ob(e)*, aufzufassen (Paul-Mitzka, Mhd. Gr. § 172, 7), nicht als Bewahrung der alten Form *scal*.

Unterbleiben der hochdt. Lautverschiebung (*godis, gude boden*
usw. *Ml, paffen* 6,₆; 7,₁, *plegen* 24,₁ *kl* – in *M* auffälligerweise
dafür *ph-*), Vermengung von *h* und *ch*, *s* und *z*. Sonst bleibt an
Einzelformen noch unberücksichtigt: *zu, zü, zuo* u.ä. für *ze, diu,
dú* für *die* und umgekehrt, *-e* für *-iu, vor* statt *vür, (n)vmmer
(l), (n)iemer* für *(n)immer (J), (n)ieman* für *(n) iemen (J;* wohl
aber *(n)ymant l), nüt (g), nit* für *niht, úch* für *iu* und umgekehrt,
her (Mw) für *er, welt* für *werlt,* Getrenntschreibung enklitischer
Formen (*wil dv, wirst du* für *wiltu, wirstu* usw.) und umgekehrt,
wenn sich die Silbenzahl nicht verändert (*der ist* für *derst* ist also
vermerkt); ferner Eigenheiten einzelner Hss. wie *dien* für *den,
dvr* für *durch, -n* für *-m* in *C,* in den epischen Tirol-Fragmenten
G das durchgehende *kuning(in), de* für *die, der,* das häufige *vnde*
gegen das Metrum, in *k* der *h*-Vorschlag in *herbarmen, herkennen.*

Sämtliche Handschriften (mit Ausnahme des verschollenen
Fragmentes *E*) haben im Original, in Photokopien oder in Faksi-
miles vorgelegen. Die folgenden Bibliotheken haben mir bei
deren Beschaffung bereitwillig geholfen, wofür ich ihnen auch an
dieser Stelle verbindlich danke: Königliche Bibliothek in Kopen-
hagen, Bayerische Staatsbibliothek in München, Vatikanische
Bibliothek in Rom, Depot der ehem. Preußischen Staatsbiblio-
thek an der Universitätsbibliothek in Tübingen, Österreichische
Nationalbibliothek in Wien, die Universitätsbibliotheken von
Basel und Münster und die Landesbibliothek in Gotha.

Verzeichnis der Abweichungen

von Leitzmanns Text in der zweiten Auflage dieses Heftes (Leitz-
manns Lesarten hinter dem Gleichheitszeichen):
Winsbecke: 10.₈ iendert *J* (ienert) = under in 11.₄ der *JE* =
ir 14.₉ trîak daz *JEk* = trîakelz 15.₃ innan *JEgC* = innen
16.₃ gerne *EgBkCl* = gernę, und 18.₄ baltlîch *ECl(k)* = rehte
₅ Gahmuret *alle* = Gahmurete 19.₄ an dir niht *Jl* = niht an
dir 20.₅ sitz ebenę und sw. *JE* = siz ebene, sw. 21.₁ gen *Jk*

= gegen ₄ lâz *JECk* = lâ 22.₈ reiner *JE* = guoter 24.₈ wizze *J(l)* = wizzest 26.₅ helkäppel *J* = helkeppel 29.₃ tugent *Jg* = tugende ₅ guot ist *JBkgl* = guot daz ist ₉.₁₀ beider lieber, / ê daz er *J(Bk)* = beider ê, / daz er 33.₉ des *JEkl* = daz 34.₈ mære dicke *ECl(Bk)* = mære vil dicke 35.₆ danke *EgC(l,* dienst *J)* = guote vervâht *JEgl* = vervât 39.₆ gen *WJB* = gegen 40.₃ tievel *JEBC* = tiuvel ₆ mê *EBkCl* = mêr 42.₃ jungen man *W(JBkl)* = jungem mannę 43.₁ wizze *Jl* = wizzest ₉.₁₀ geborgen niht dem lîbe, / noch dem guote *J (jedenfalls auch entstellt)* = geborgen niht … / dem lîbe, dem guote 46.₂ unreht *alle* = unrehtę 49.₁ wol *EgCM* = nu 57.₇ bittę *JCl* = die bitę 60.₅ alter *Jl* = gar alt 65.₉ daz iht des *J* = daz des iht 67.₇ sinem *J* = sine 68.₁.₂ Noch trœstet mich gedinge wol, / daz weiz ich endelîch für wâr *k* = Doch tuot mir der gedinge wol, / den weiz ich endelîchen wâr ₃ dienę *k* = buwę 69.₇ den rehten *J* = dem rehten 72.₉ werlte lebe *kCl* = werlt gelebe 77.₂ sünder *alle* = sündære ₄ sünden *BkCl* = sorgen ₅ mac hant *Jk* = hant mac 79.₆ genannę *B* = gnannę.

Winsbeckin: 3.₃ mîn triu mich jaget *JW* = mich mîn triuwe jaget ₇ dâ von *JW* = dâ vor 4.₂ und *JBCg* = unde 5.₃ besten *J* = werden 10 dâ *JW* = swâ 6.₁ und *JWCg* = unde 10.₈ ob gelige *JB* = obe gelige 16.₉ swem *J* = dem 17.₅.₉. 18.₁ käppel (în) *J* = keppel (în) 18.₃ getrû *J* = getrûwe 19.₁ wir wîp *JBg* = wîp 20.₁ Ez ist *JBg* = Êst 22.₄ ich wart *JCg* = ich enwart strâle *J* = strâlen 26.₁₀ selbe *J* = allez 27.₅ engan *J* = gan 31.₂ swâ *J* = dâ 34.₅ gen *J* = gegen.

Tirol und Fridebrant: 8.₄ glouben = gelouben 13.₃ leit = der leit 18.₁ habt = habet 19.₅ verdrucket = verdruct ₇ gezucket = gezuct 23.₇. 29.₄. 33.₆ durch = dur 24.₁ dirre = der 34.₃ waent ez = wænetz 35.₃ gesterket = gesterot ₄ gemerket = merct ₇ löwen = leuwen 36.₁ merkę ez = merkez 37.₃ dem = den 38.₆ diu *schult* klebt = der klebet 39.₂ wer = swer 40.₃ dem = den ₆ klebt = klebet.

A. 1.₆ kegen = gegen   B. 5.₆ wirt = wert *(aber vgl. Maync
a.a.O. S. 63)*   C. 3.₂ als wol hôchvart sich gezam = als hôchvart
gezam   E. 1.₆ zeigete = zeicte   F. 6.₈ tete = tet   ₇ sint beide
= sint dâ beide   G. 1.₅ torstę ez = torstez   2.₇ wan = ouch
H. 6.₇ daz mich = ob uns   7.₅ kegen = gegen   ₆ hinnen = hin.

Literaturverzeichnis

Von der älteren Literatur werden nur die größeren Arbeiten
genannt, im übrigen vgl. G. Ehrismann, Geschichte der dt. Lit.
bis zum Ausgang des Mittelalters 4 (II, Schlußbd), München 1935,
S. 312f. (Winsbecke), 314f. (Tirol und Fridebrant). Die Abdrucke
der einzelnen Handschriften sind im Handschriftenverzeichnis
genannt.

Winsbecke, Winsbeckin, Parodie

Ausgaben:

Moriz Haupt, Der Winsbeke und die Winsbekin, Leipzig 1845.
Albert Leitzmann (Hrsg.), König Tirol, Winsbeke und Wins-
bekin (= ATB 9). Halle 1888. 2. Aufl. 1928 unter dem Titel
Kleinere mhd. Lehrgedichte, Heft 1.

Literatur:

A. Leitzmann, Zur Kritik und Erklärung des Winsbeken und der
Winsbekin, in: Beitr. 13, 1888, 248–277. Weitere textkritische
Beiträge von Leitzmann in: Beitr. 14, 1889, 149ff.; Beitr. 53,
1929, 300f.; ZfdA 66, 1929, 207f.
Hans-Friedr. Rosenfeld, Zur Überlieferung und Kritik des Wins-
beken, in: ZfdA 66, 1929, 149–170.
–, Zu Winsbeke, Winsbekin und Winsbekenparodie, in: ZfdA 67,
1930, 109–122.
Salomon Anholt, Zur Textgestaltung und Texterklärung des
Winsbecken, in: ZfdA 68, 1931, 129–136.
Edward Schröder, Der Winsbecke, in ZfdA 69, 1932, 96 (zum
Namen: es muß richtig Winsbecke heißen, nicht -beke; vgl.
noch ZfdA 61, 1924, 127).

Gerhard Traub, Studien zum Einfluß Ciceros auf die höfische Moral (= Deutsches Werden 1), Greifswald 1934, 76 ff. (aber vgl. H. Teske, AfdA 53, 1934, 145 f.).

Hugo Kuhn, Artikel ‚Winsbecke', ‚Winsbecken-Parodie', ‚Winsbeckin' in: Verfasserlexikon 4 (1953), 1011–1016.

Helmut de Boor, Geschichte der deutschen Literatur 2, München ⁴1960, 408 f.

Tirol und Fridebrant

Ausgaben:

Die didaktischen Teile mehrfach in den alten Drucken aus C veröffentlicht (Goldast, Scherz, Bodmer-Breitinger, HMS, zuletzt Pfaff).

Die epischen Fragmente: Jacob Grimm, Tyrol und Fridbrant, in: ZfdA 1, 1841, 7–20.

Harry Maync, Die altdeutschen Fragmente von König Tirol und Fridebrant (= Sprache und Dichtung 1), Tübingen 1910.

Für weitere ältere Ausgaben (von K. Müllenhoff, E. Wilken, H. Meyer-Benfey) vgl. Ehrismann 4, 314.

Literatur:

Samuel Singer, Salomosagen in Deutschland, in: ZfdA 35, 1891, 181 (über die epische Fabel).

Walter Fischer, Daniel von Morley, in: Arch. f. Kulturgesch. 26, 1936, 342–344 (der in den Rätselstrophen genannte Daniel könnte der englische Philosoph D. v. M. sein).

Hans Bahlow, Neuentdeckte Zeugen für die Verbreitung mhd. Lit., in: Teuth. 8, 1931/32, 54 (über den PN Tyrolf u. ä. im Spätmittelalter).

Hermann Schneider, ‚König Tirol' in: Verfasserlexikon 2 (1936), 861–865.

Helmut de Boor, Gesch. d. dt. Lit. 2, ⁴1960, 210 f. 410 f.

Strophentabelle

Fragmentarisch erhaltene Strophen sind eingeklammert.

Winsbecke

	B	C	E	g	J	K	k_1	k_2	l	M	W	w
1	1	1		1	1		1		1			1
2	2	2		2	2	1	2		2	(1)		2
3	3	3		7	3	2	3		3	3		3
4	4	4		3	4	3	4		4	2		4
5	5	5		6	5	4	5		5	4		5
6	6	6		5	6		6	7	6	5		(6)
7	7	7	24	19	7		7	8	7	6		
8	8	8	3	26	8		8		8	7		
—				27								
9	9	9	4	13	9		9		9			
10	10	10		4	10		10		10			
11	11	11	13	20	11		11		11	8		
12	12	12	15	21	12		12		12	9		
13	13	13	16	22	13		13		13	10		
14	14	14	11	23	14		14		14	(11)		
15	15	15	12	24	15		15		15			
16	16	16	10	25	16		16		16			
17	17	17	7	16	17		17		17			
18	18	18	9		18		18		18			
19	19	19	8	17	19		19		19			
—				18								
20	20	20	5	14	20		20					
21	21	21	6	15	21		21					
22	22	22	14	28	22		22	12	20			
23	23	23		29	23		23	13	21			
24	24	24	25	30	24		24	14	22			
25	25	25	26	31	25		25	15	23			
26	26			32	26		26	16				
27	27				27		27	17		(15)		
28	28	27	17	34	28	5	28	18	25			
29	29	29		35	29		29	19	27			
30	30		20	36	30		30	20				
31	31	28	29	33	31		31	21	26			
32	32	30	(1)	10	32		32	22	28			
33	33	31	21	37	33		33	23	29	(12)		
34	34	32	18	38	34		34	24	30			

XXII

B	C	E	g	J	K	k_1	k_2	l	M	W
35	35	33	19	39		35	25	31		
36	36	34	23	40		36	26	32		
37	37	35	22	41		37	27	33		
38	38	36	8	38				34		
39	39	37	12	39		38	28	47		3
40	40	38	28	42	40	39	29	48		
41	41	39	43	41		40	30	45		(1)
42	42	40	30	44	42	41	31	46	(13)	(2)
43	43	41	45	43				35	(14)	
–			46							
44	44	26	51	44		42	32	24		
45	45	42	52	45		43	33	36	(16)	(4)
46	46	43	48	46				37	(17)	
47	47	44	50	47				38	(18)	
48	48	45	49	48				39	(19)	
49	49	46	2	11	49			40	(21)	
50	50	47	9	50		44	34	41		
51	51	48		51				42	(20)	
52	52	49	27	47	52	45	35	43		
53	53	50		53		46	36	44		
54	54	51		54				49		
55	55	52		55		47	37	50		
56	56	53		56	6	48	38	51		
57	57	54		57		1		52		
58	58	55		58		2		53		
59		56		59		3		54		
60	59	57		60		4		55		
61	60	58		61		5		56		
62	61	59		62		6		57		
63	62	60		63		9		58		
–						10				
64	63	61		64		11		59		
65	64	62		65		49	39	60		
66		63		66		50	40	61		
67		64		67		51	41	62		
68		65				52	42	63		
69		66		68		53	43	64		
70		67		69		54	44	65		
71		68		70		55	45	66		
72		69		71		56	46	67		

	B	C	E	g	J	K	k_1	k_2	l
73		70			72		57	47	68
74		71			73		58	48	69
75		72			74		59	49	70
76					75		60	50	
77	65	73			76		61	51	71
78	66	74			77		62	52	72
79	67								
80		75			78		63	53	73

Winsbeckin

	B	C	g	J	k	W
–				1		
–				2		
1	1	1	1	3	1	(1)
2	2	2	2	4	2	(2)
3				5		(3)
4	3	3	3	6	3	
5	4	4	4	7	4	(4)
6		5	5	8	5	(5)
7		6	6	9	6	
8	5	7	7	10	7	
9	6	8	8	11	8	
10	7	10	10	12		
11		11	11	13		
12		12	12	14		
13	8			15		
14	9	9	9	16		
15	10			17		
16	11			18		
17		13	13	19		
18		14	14	20		
19	12	15	15	21		
20	13	16	16	22		
21	14	17	17	23		
22	15	18	18	24		
23	16	19	19	25		

Winsbecke-Parodie

	P	W
1		(1)
2		(2)
3		(3)
4		(4)
9		(9)
10		(10)
12		(12)
14		(14)
15		(15)
16	(1)	(16)
17	2	(17)
18	3	(18)
19	4	(19)
20	5	
21	6	
38		(38)
39		(39)
40		(40)

Winsbeckin

	B	C	g	J			B	C	g	J
24	17	20	20	26		35	27	31	30	37
25	18	21	21	27		36	28	32	31	38
26	19	22	22	28		37	29	33	32	39
27	20	23	23	29		38	30	34	33	
28	21	24	24	30		39	31	35	34	
29	22	25	25	31		40	32	36	35	
30	23	26	26	32		41	33	37	36	
31	24	27		33		42	34	38	37	
32		28	27	34		43	35	39	38	
33	25	29	28	35		44	36			
34	26	30	29	36		45	37			

Inhalt des Textes

Winsbecke

1. Das alte Gedicht

1   Ein wîser man hetẹ einen sun,
      der was im liep, als maneger ist.
      den woltẹ er lêren rehte tuon
      und sprach alsô: 'mîn sun, dû bist
  5 mir liep ânẹ allen valschen list.
      bin ich dir liep sam dû mir,
        sô volge mir ze dirre vrist,
      die wîlẹ ich lebe. ez ist dir guot:
      ob dich ein vremder ziehen sol,
 10   dû weist niht, wiẹ er ist gemuot.

2   Sun, minne reiniclîchen got,

---

1 = 1 *BCJgk₁lw.* 1 *k₁ mit Melodie.* – Ditze bůch heizzet der wertlich
rät *J*, In der grüßwyse dez tugenthafften schrybers *k*, Dit ist frawen-
labis gedichte wie man synne vnd wisheit leren sal dy kynder *l*, Hy
larthe der watyr zynyn zoyn *w*; *in C Bl.* 213ʳ *das zugehörige Bild,
darüber* Der Winsbeke, *Bl.* 213ᵛ *(Textbeginn) links oben kl. Vor-
schrift* võ Winsbach. *Ohne Überschrift Bg.*

  1 het *BJk*, hatte *gl*, hat *Cw.*   2 ime *gl.* also *g.* manger *Jk*,
manigem *C*, manichem *w.*   3 wolt *BCJk.* Er wolt in *B.* rehte leren
Jw.   4 Er *Bgk*, Her *w.* alsô] ym *k.* sun] kint *gkl.*   5 an *Clw*, on *gk.*
alle falsche l. *lw*, alle arge l. *k.*   6 *f. g.* dir sam (als *kl*) du selbe
(selber *k*, selbir bist *l*) dir *BCklw.*   7 Nü *l.* ze] in *g.* zcuder selben fr. *l.*
8 Die wil *BJ.* ich leb *J*, i. leben *l*, du lebest *C.* ez] dz *g.* Min lieber son
daz ist dir gut *k.*   9 Obe *l.* fremeder *l*, andrer *k.*   10 enweist *l.* er] der *g.*

  2 = 2 *BCJgk₁lw*, 1 *K.* 1.9.10 *M.* – Wie man got sol furhten fvr
elliv dinch *J.*

  1 miner *w*, habe liep *l.* reinecliche *K*, inneclichen *gkl*, minneclichen
C. innecliche minne g. *B.*

sô ẹnkan dir nimmer missegân:
er hilfet dir ûz aller nôt.

nû sich der werlte goukel an,
5   wie si ir volger triegen kan
und waz ir lôn ze jungest sî.
  daz soltû sinneclîch verstân:
si wiget ze lône swindiu lôt.
  der ir ze willen dienen wil,
10   derst lîbes und der sêle tôt.

3   Sun, merke, wie daz kerzen lieht,
die wîlẹ ez brinnet, swindet gar:
geloube, daz dir sam geschiht
von tage ze tage. ich sage dir wâr.
5   des nim in dînen sinnen war
und rihte hie dîn leben alsô,
  daz dort dîn sêle wol gevar.
  swie hôch an guote wirt dîn nam,

---

2 kan *CJKgkw*. dirs *kl*. 3 Der *g*. 4 Du *gk*. sihst *k*. werlt *J*.
goukel] jamer *K*. 5 *und* 6 *vertauscht g*. 5 Vnd wie sü *g*. volgere
B. regen *k*. 6 ze] sy *w*. zujüngst sin *k*, zem jvngsten si *J*. ist *Bw*.
7 sinnecliche *CKg*, –lichen *l*, suuuerclichen *w*. vorstan *w*, entstan
C. 8 wigt *BJk*, git *C*, gibbet *l*, *in w ist das Verb ausgerissen*. lon
J. swinden *B*, ein swinden *J*, súnden *Cg*, funden *w*. sw. l.] sonder
wan *l*. 9 Wer *g*. ir noch willen *Mg*, ir ir willen *C*, ir zcu verre *l*. volgen
wil *CMg*, volgit bi *K*, volget na *l*. Vnd wer ich noch vil dienen wil *k*.
10 Der ist *BCl*, Das ist *KMgkw*. des *l. l*. libs *k*. vnde *KM*. der *f. g*.
selen *Kgl*.

3 = 3 *BCJMk₁lw*, 2 *K*, 7 *g*. – Wie daz mensch swindet als daz
brinnend kerzzen lieht *J*.

1 kertze *l*. lieth *K*, liech *M*. 2 wil *BJkw*. brendet *k*, burnet
(–ü– *g*) *glw*. swynde *l*, is sw. *M*. 3 Gloube *g*, Gleube *l*, Gelûbe (–e
ausradiert) *w*, Glob *k*, No gloube *M*. dir also (aüch also *k*) *g*. *gklw*.
4 tag *das erste Mal B, beide Male Jk*. son ich sagen d. w. *l*. sag *J*.
i. s. d. w.] von jar zü jar *k*. 5 Dz *g*, Daz *k*. in dinem (dyme *l*) sinne
Bkl, in dine sinne *g*. war] gar *gl*, vor *k*. 6 riht *Jkw*. hie *f. kw*. alsô]
so *C*, vor hin so *k*. 7 dine *g*, dú *BKMw*. sel *J*. 8 Wie *gklw*. hohe
Bgl. guot *Jk*, gotte *g*. wurt *g*, ist *k*. name *CKw*.

dir volget niht wan alsô vil,
10   ein lînîn tuoch vür dîne scham.

4   Sun, gip im, der dir hât gegeben
und aller gâbe hât gewalt:
er gît dir noch ein immerleben
und ander gâbe manicvalt,
5   mêr danne loubes habe der walt.
wiltû nû koufen disen hort,
in sînen hulden dich behalt
und sende guote boten vür,
die dir dort vâhen wîten rûm,
10   ê daz der wirt verslahe die tür.

5   Sun, alliu wîsheit ist enwiht,
die herzen sin ertrahten kan,
hât er ze gote minne niht
und siht in niht mit vorhten an.

---

9 D. v. sin niht *Cl*, So wirt dir nicht *M*. wen *w*, dann *gk*. alse *C*. alsô vil *f. B*.   10 einē *l*. din *Jl*. schame *CK*, schamde *w*.

4 = 4 *BCJk₁lw*, 3 *Kg*, 2 *M*. – Wie man almᵗsen sol geben *J*.
1 ime *l*, dem *g*.   2 Vnde *K*. Vnd der a. *l*. aller] an der *M*. gaben *K*.
3 gipt *Ml*, gebit *w*. dir *f. M*. noch] ouch *g*, dar nach *l*. ander leben *k*.
4 anderre gaben *K*.   5 *f. Mg*. Mere *B*, Me *CKlw*, Vil me *k*. denne *Kw*, dan *l*, wann *k*. hab *J*, hat *BKkw*.   6 Vnd wilt dv *B*. no *M*, *f. Bw*. keufen *Kkl*. dissen *l*, synen *M*.   7 hie halt *Cl*.   8 vöre *l*.
9 dir *f. l*. dort *f. g*. uahent *K*, vervohent *g*, entpfahen *l*, wol behaben *C*. wîten *f. Cl*, gutin *M*.   10 Er *M*, Daz *k*. der] dir *kl*. wirte *B*, wurt *g*, *f. k*. vorsla *Mw*, zů slah *J*, verhabe *C*, virhalden *l*, verslahen icht werd *k*.

5 = 5 *BCJk₁lw*, 4 *KM*, 6 *g*. – Wie wertlich wistᵗm ist gen got ein torheit *J*.
1 ellú *C*. sint *B*. ain wiht *BCKMgklw*.   2 hertzen synne *l*, herze sin *C*, hercz vnd synne *k*, herze hie *B*. irtrachte *M*, betrahten *gw*, erdencken *l*, bedencken *k*.   3 Wer hat *k*. er] es *Kg*, man *B*, *f. k*. ze got der *J*. minnen *K*.   4 sihet in *M*, sichent *l*. worhten *K*, worten *l*, worheit *g*.

5   ez sprach hie vor ein wîser man,

daz dirre werlte wîsheit sî

    vor gotę ein tôrheit sunder wân:

dâ von sô rihte dînen sin,

daz dû in sînen hulden lebest,

10   und lâ dich aller dingę an in.

6   Sun, geistlîch leben in êren habe:

daz wirt dir guot und ist ein sin.

des willen kum durch niemen abe,

brinc in ze dîner gruobe hin:

5   ez wirt an sælden dîn gewin.

enruoche, wie die phaffen leben:

    dû solt doch dienen gotę an in.

sint guot ir wort, ir werc ze krump,

sô volge dû ir worten nâch,

10   ir werken niht, oder dû bist tump.

7   Sun, ez was ie der leien site,

5 Hez *(radiert)* w. hir vor M, hy enpfor w. 6 diser g, –ss– l. werlt
Jw. ist g. 7 got Jk. 8 Do tzu M. riht J. 9 in] nach K. dinen
k. lebst Jk, blibest w. 10 laz Jk, lais l, leg g. dich f.g. aller ding
Jk, aller dige (–e *durch Punkte getilgt*) w, als din ding g, darnach gar B.
6 = 6 BCJk₁l, 5 Mg, 7 k₂. 6.1-6 w. – Wie man geistlich leben eren
sol J.
1 geyslich M. leb k₂. ere Ml. hab BJkw. 2 wirt] ist Cgl. vnde Ml.
ein] myn k. 3 kume Ml. nymant l, meinen w. ab Jkw, habe l.
4 Brenge yn l, Brengen M, Bryng ez k. di*(ner) die letzten drei Buchst.
ausgerissen* w. grûben CMkl. Vnde fûre in zû der grûben hin g. 5 Das
Cgl. wurt g. salden M, schaden w. dîn] dir k₂, dirr k₁. 6 nach En
ruch wi *bricht* w ab. En rûch Jw, Enruch dich k₂l. 7 doch] auch l,
f. M. got Jl. gotte dienen B, gotte dienst geben g. Got soltü billich
ern an yn k. 8 beide Male ire gl. werk si kr. C, wercke synt kr. l,
wercke kr. k. sint denn ire wercke kr. g. 9 dû f. l. iren Jl, den
CMkg. worte M. 10 Iren gl, Irn M, Den k. ald Ck. gar dümp l.
7 = 7 BCJk₁l, 24 E, 6 M, 19 g, 8 k₂. – Wie man den pfaffen sol spre-
chen wol J.
1 legen g. sit Jk.

daz si den phaffen truogen haz:
dâ sündent si sich sêre mite,
ich enkan niht wizzen umbe waz.
5 ich wil dir râten verre baz:
dû solt in holt mit triuwen sîn
und sprich in schône, und tuostû daz,
sô mac dîn ende werden guot
und wirt ze lône dir beschert
10 gotes lîcham und sîn reinez bluot.

8 Sun, ob dir got vüegẹ ein wîp
nâch sînem lobe ze rehter ê,
die soltû hân als dînen lîp
und vüege, daz ez sô gestê,
5 daz iuwer beider wille gê
ûz einem herzen und darîn.
waz wiltû danne wunne mê,

----

2 sy zcuden paffen *l.* trûgent *g.* trügen den paffen (pf– *k₂*) *k.*
3 Do *Mg.* sunde *M,* virsundent *l,* sündetent *g.* sich] sit *M.* ser *J,*
selber *k₂.* mit *Jk.* 4 kan *CJMgkl.* vmmb *k₁.* 5 verrer baz *E,*
furebas *k₂,* fürr bass *k₁,* fŕrbas *Bl.* 6 im *M.* hult *l.* truhen *M.* mit
triuwen *f. l.* D. s. in sin mit draüwen (truwen *k₂*) holt *k,* Du solt sü
eren wo du maht *g.* 7 sprich in] sprechen *l,* sprich sun *M,* grûs in *g.*
schon *J,* wol *Cl,* jehen *g.* und *f. BEMklg.* 8 ende wol w. *E.* werde
M. 9 Unde *M.* wurt *g.* Vnd ze lone wirt dir b. *B.* beschirt *k₁,*
gegeben *E.* 10 Gotz *k,* Gotte *C.* lichame *C,* lichnam *Jk.* unde *M.*
sin vil reines bl. *l.*
8 = 8 *BCJk₁l,* 3 *E,* 7 *M,* 26 *g.* – Wi er ein mŕtig sol sin mit siner
konen *J.*
1 ob] abe *l,* so *M.* got hie *C.* got *f. k.* fŕg *J,* fuget *l,* gefûge *g,* ge-
fuget *M.* ein byderb w. *k.* 2 syme *Ml,* gottes *k.* lob *Jk.* ze] in *g.*
3 haben *BCM.* alse *E,* also *g.* 4 Unde *M.* fŕg *J,* fuges *M,* lûge *g.*
daz] da *l.* so biste *J,* also ste *CEMkgl.* 5 ivr *J,* uer *M.* bæder *J,* –e–
g. erge (ir– *M*) *Mg.* 6 Uzse *J.* eime *Ml.* unde (vnd *C*) drin *CMg,*
vnd auch dar yn *k,* vnd widder dar in *l,* vnd ŏch dar *B.* 7 Ich
enwais wilt dv *B.* denne *Mg,* dan *l,* da *B, f. k.* wunnen *B,* wûn-
schen *E,* truwen *g,* freuden *l.* w. haben me *k.*

ob daz geschiht in triuwen phlege?
sæt aber diu werrẹ ir sâmen dar,
10 sô müezen scheiden sich die wege.

9 Sun, dû solt sinneclîchen tragen
verholn dîn minnevingerlîn,
dîn tougen niht den tumben sagen:
daz zwein ist reht, ze wît ist drîn.
5 lâ dich niht übergên den wîn:
den soltû sô ze hûse laden,
daz dîne vîndẹ iht spotten dîn.
ahtẹ ûf die züngelære niht,
die werre zwischen vriunden tragen
10 und daz in Jûdas aht geschiht.

10 Sun, swer bî dir ein mære sage,
mit worten ims niht underbrich,
und swer dir sînen kumber klage

8 Obe *gl.* beschicht *k.* in] mit *BE.* trûwe *E*, truwer *g*, drewer *k*, truer *M*, getrúwer *B.* pfleg *J*, pflet *k.*   9 Seiet *CE*, Sehet *M*, Sẹget *Bg*, Sehint *l.* werr *k.* iren (irn *k*) *Mgkl.* dar] drin *g.*   10 m♱zent *Bg.* weg *Jk.* - *In g folgt hierauf Str. 27, s. Anhang.*

9 = 9 *BCJk₁l*, 4 *E*, 13 *g.* - Wi er tägen minne sol helen *J.*
1 sinnecliche (-ẹ *E*) *BE.* drage *l*, trag *k.*   2 Verholen *Jg.* dine *g.* núwes vingerlin *Cl.*   3 Dine *B*, Dinen *l.* tougen] tügent *k*, gedang *l.* den wisen tvmben (wisen *durch Punkte getilgt*) s. *B.* sage *g*, sag *k.* 4 Waz *k.* ze wît ist] dast zenge *C*, daz ist zcu enge *l.* drien *J.*   5 Los *g.* vbergan *B.* Lais d. n. virbrengen d. w. *l*, Lass nit verhergen dich d. w. *k.*   6 sô] niht *Cl.* ze hûse] kvsche *B.*   7 din *CJl.* vind *Jk.* iht *f. l.* spottent (-t *ausgestrichen k*) *kg.*   8 Aht *EJk.* zvngelær *J.* 9 werren *Jk.* zewischen *J*, zwüschent *g*, zwschen *k.* fründe *g.* tragent *g.* Die zw. (tzuschen *l*) fr. werre (verre *l*) tr. *Cl*, Die zw. fr. werre frvnt *B.*   10 in] ist *k.* Jûdas]viendez *Eg.* ahte *BEgl*, wise *C*, heübt *k.*

10 = 10 *BCJk₁l*, 4 *g.* - Wie man sol gûtlih vnd mit witzen antwrten *J.*
1 wer *gkl.* sag *Jk.* Son wer eyne mer by dir saget *l.*   2 ime *l*, sü ime *g*, in *k.* vndersprich *Bgk.*   3 wer *gkl.* clag *Jk*, claget *l.*

in scham, über den erbarme dich:
5   der milte got erbarmet sich
über alle, dię erbarmic sint.

   den wîben allen schône sprich:
ist iendert einiu sælden vrî,
dâ bî sint tûsent oder mêr,
10   den tugent und êre wonet bî.

11   Sun, wiltû zieren dînen lîp,
sô daz er sî unvuoge gram,
sô minnę und êre guotiu wîp,
der tugent uns ie von sorgen nam.
5   si sint der wunnę ein bernder stam,
dâ von wir alle sîn geborn.

   er hât niht zuht noch rehter scham,
der daz erkennet niht an in:
der muoz der tôren einer sîn,
10   und hetę er Salomônes sin.

12   Sun, si sint wunnę ein berndez lieht

---

4 Mit *k*. schame *gl*. erbarm *J*. 5 milt *J*, güte *k*. erbarmt *J*, erbarmete *l*. 6 erbermig (–ę– *B*) *Bgkl*. 7 frouwen *gk*. alle *g*. schon *J*, wole *k*. 8 ienert *J*, iergent *g*, ir *l*, vnder in *BC*. Vnd ist ir keynen eren fry *k*. 9 Da wider *B*. alder *C*, vnd *g*. me *BCgkl*. 10 grosse t. *l*. und *f. k*. wone *k*.

11 = 11 *BCJk₁l*, 13 *E*, 8 *M*, 20 *g*. – Wie man gûtiv wip eren sol *J*. 2 sige *g*. vnftgen *BM*, vngeftge *C*, vngewegen *l*. 8 mȳ *k*. unde *M*. S. m. god vnd ere wip *l*. 4 Ir t. *BCMgkl*. tvgende *E*. uns *f. l*. sorgen] sünden *k*. 5 der *f. BJl*. sint der wunnenbernde st. *g*, sint ein wunnenbernder st. *Mk*. 6 Von dem *k*, Von den *E*. sint (–t ausgestrichen *k*) *gk*. 7 enhait *l*. Er gewan nie z. *E*. czüchte *k*. rechten *Ml*, rehte *E*, der *k*. 8 Der (Wer *g*) daz niht erkennet (erkent *J*) an in *JMgl*. 9 Er *Cgl*, Her *M*. sîn] wesen *Eg*. 10 Vnde *B*. het *BEJk*. Salomonis *Ml*, salomonıs *k*, Salamones *J*, salomons *g*.

12 = 12 *BCJk₁l*, 15 *E*, 9 *M*, 21 *g*. – Wie wip sint stam aller wnne *J*. 1 Sun *f. k*. sint der *EM*. berendes *B*. sint ein (ein *f. g*) wunneberndes (wunnen– *kl*) l. *gkl*.

an êren und an werdekeit,
der werltẹ an vreuden zuoversiht:
nie wîser man daz widerstreit.
5   ir nam der êren krône treit:
diu ist gemezzen und geworht
mit tugenden vollic unde breit.
genâde got an uns begie,
dô er im engel dort geschuof,
10   daz er si gap vür engel hie.

13   Sun, dû maht noch niht wizzen wol,
waz êren an den wîben lît.
ob ez dir sælde vüegen sol,
daz dû gelebest die lieben zît,
5   daz dir ir güete vreude gît,
sô kan dir nimmer baz geschehen
ze dirre werlte sunder strît.
dû solt in holt mit triuwen sîn
und sprich in wol: tuostû des niht,
10   sô muoz ich mich getrœsten dîn.

---

2 unde *M*.   3 werlt *J*. an *f*. *M*. tzuvorsich *M*. Ein freüd der
welte züuersicht *k*.   4 wiß *k*, wise *l*. Das wissest ane widerstrait *B*.
5 name *CEgl*. cron *J*, cronen *M*.   6 unde *M*. Gar hoch gemessen und
gewürcket *g*.   7 tügend *kl*. volleclich *Bk*, ho wit *M*. vnd *BCgl*.
8 Genada *M*, Gnade *l*. begee *l*.   9 Da *kl*. ime *g*, in *l*, dem *B*. engele *M*.
beschûf *Bgk*.   10 Der *B*. sü uns gap *g*. gap] liess *k*. vor *Mkl*.
engele *l*.
13 = 13 *BCJk₁l*, 16 *E*, 10 *M*, 22 *g*. – Wie man den wiben wol spre-
chen sol *J*.
1 maht] kanst *k*, *f*. *M*. noch *f*. *Jk*. niht *f*. *g*. gewissen *k*.   2 Wez *J*.
3 Obe *El*. dir es *g*, dirz din *E*, er dir *B*. salde *M*, sæld *J*, selden *l*,
selben *B*, glücke *g*.   4 gelebst *CJ*, gelebiz *M*, yn gist *k*. die] din *k*.
liebe *BMgkl*.   5 Vnd daz dir g. fr. *k*, Daz sy dir güde fr. *l*. gip *M*.
6 Mac dir *M*. enkan *l*. immer *M*. baz *f*. *g*. gescheen *l*,–schen *M*.   7 di-
ser *g*, –ss– *l*. werlt *J*.   9 Sprich in *Mg*. wol] schone *B*.   10 muoz]
wil *E*. mich] myn *k*. vntrôsten *J*, vertrôsten *g*, gelouben *BE*.

14   Sun, wiltû erzenîe nemen,
ich wil dich lêren ein getranc.
lât dirz diu sælde wol gezemen,
dû wirdest selten tugende kranc,
5   dîn leben sî kurz oder ez sî lanc:
legę in dîn herzę ein reinez wîp
mit stæter liebe sunder wanc.
ist ez an werdekeit verzaget,
als der trîak daz eiter tuot,
10   ir wîplîch güete dirz verjaget.

15   Sun, ich sage dirz sunder wân:
eins mannes herzę ist ungesunt,
daz sich niht innan reinen kan
mit wîbes liebe zaller stunt.
5   ez was ein tugentlîcher vunt,
dô guoter wîbe wart gedâht.
hât iemen sorgen swæren bunt,
den trûric muot bestricket hât,

---

14 = 14 *BCJk₁l*, 11 *E*, 23 *g*. 11.1-8 *M*. – Wie reines wibes gŭt ist ein getranch *J*.

1 erzenige *B*, arzenie *C*, artzenige *g*, arczendien (–n *ausgestrichen*) *k*, artzedye *Ml*.   2 wil] kan *g*. ain tranch *E*, ainen trank *BMgkl*.   3 Lezet *M (danach bricht Blatt 1 von M ab)*. Lo dirs *g*, La dir *El*, Laß dir *k*. diu] din *Cl*, frav *J*, mit *g*. sæld *J*, selden *g*, sele *l*.   4 So *g*. werdest *k*, wirst *C*, wurstu *g*. tugend *Jk*, tvgenden *BC*, andugende *l*.   5 kurze *BE*. ez sî *f. Cgkl*.   6 Leg *BJg*. herz *CJgk*. rein *l*, selig *g*.   7 lieb *J*. sunder] ane *k*.   8 I. e. mit w. *k*, Er ist ander w. *l*, Vnd sige an w. *g*. verzagt *BJ*, vnverzaget *g*, betagt *k*.   9 *und* 10 *vertauscht g*.   9 Alse *E*, Also *g*. der *f. l*. driakel *B*, triâggel *C*, driacus *l*, trüockers *g*. daz *f. Cg*. eiter tuot] geswulst veriaget *g*.   10 gŭt *Jk*. dirz] dir es *g*, es *C*, dir leyt *k*, ist *l*. verjagt *BJk*, vertaget *l*, vertribet *g*.

15 = 15 *BCJk₁l*, 12 *E*, 24 *g*. – Wie wiplich gŭt trvren stŏrt *J*.

1 sag *Jk*, sagen *l*. dir daz *E*, dir *gkl*.   2 Aines *BE*, Des *C*. hertz *Jk*.   3 innen *Bkl*. D. s. innen nicht gereinigen k. *l*.   4 lieb *k*. ze aller *BEgkl*.   6 Da *B*. guoter] reyner *k*.   7 jemant *l*. sorge *B*, sorg *J*. swæren *f. l*.   8 hertze *g*. bestrichet *E*, bestrichen *C*. Den druricheit durchstricket hait *l*.

der strîche wîplîch güete dar:
10   alsam ein tou sîn nôt zergât.

16   Sun, sît diu sælde lît an in,
diu nie mit lobę ir zil volmaz,
sô dienę in gerne, hâstû sin,
dû lebest in êren deste baz.
5   got sîn an sælden nie vergaz,
dem ir genâde wirt beschert
    und er mit triuwen dienet daz.
dem stêt der schilt ze halse wol,
im kumt ze lônę ein blanker arm,
10   dâ im der rieme ligen sol.

17   Sun, dû solt wizzen, daz der schilt
hât werdekeit und êren vil:
den ritter tugende niht bevilt,
der im ze rehte volgen wil.
5   die wârheit ich dich niht enhil:
er ist zer werlte sunder wân

---

9 strich *J*, strike *B*. Die stricke virblicht gute gar *l*.   10 Als sam *l*, Reht als *Bk*. touwe *l*, wint *k*. virgait *l*.

16 = 16 *BCJk₁l*, 10 *E*, 25 *g*. – Wie dem sæld volget der gvtiv wip minnet *J*.

1 sît] sich *l*. diu] din *g*. 2 lob *J*, leben *g*. vollemas *B*, gemas *g*. dü yn ir lobes z. v. *k*. Der nye lob sin tziel wol maz *l*. 3 Vnd d. *k*. dien *Jk*. in *f. l*. gerne] gern vnd *J*. 4 lebst *BCJk*. in] an *E*, mı͂t *g*. dester *CJk*. 5 sælden] eren *g*. 6 gnade *Bl*. wurt *g*. gegeben *k*. 7 Vnde mit *E*, Vnd mit *g*. gedienet *E*, dienen *B*, *f. l*. 8 stat *BCEk*. ze] an dem *l*. Ime der schilt zù halse stot wol *g*. 9 Ime *l*, Dem *g*, *f. k*. kommet *gkl*, wirt *E*. lon *Jk*. blanckeht *g*. arn *C*. 10 Do inne *g*. riem *J*. Wol ym der dar an l. s. *k*, Do ime die sicher rüwe l. s. *l*.

17 = 17 *BCJk₁l*, 7 *E*, 16 *g*. – Hie saget er von dez schiltes werdikeit *J*.

1 dv sol *B*, wilt du *E*, wiltu *g*. 3 ritter] rehter *B*. tugend *Jk*, tvgenden *B*. 4 Wer *g*. ime *gl*. Der in ze reht tragen wil *J*. 5 Der *Egl*. dich] dir *gkl*, *f. C*. verhil *gk*. 6 zer] der *CEgkl*. werlt *J*.

ein hôchgemeʒʒen vreuden zil.
nimt in ze halsę ein tumber man,
der im sîn reht erkennet niht,

10   dâ ist der schilt unschuldic an.

18   Sun, lât dich got geleben die zît,
daz er mit rehte wirt dîn dach,
waz er dir danne vreuden gît,
wiltû im baltlîch volgen nâch!

5   weistû, wie Gahmuret geschach,
der von des schiltes werdekeit
der mœrin in ir herze brach?
si gap im lîp, lant unde guot:
er gît ouch dir noch hôhen prîs,

10   gîstû im lîp, herzę unde muot.

19   Sun, wiltû ganzlîch schiltes reht
erkennen, sô wis wol gezogen,
getriuwe, milte, küenę und sleht,
sô ęnist er an dir niht betrogen

---

7 frôi-zil *(Zeilenwechsel)* C, fridezil g, vrôden spil B. 8 Nymmet gl.
hals Jk. 9 ime g, vmb k. rehte E. 9. 10 Das ist ein virloren spil
Want ir des nit gefuren kan l.
18 = 18 BCJk₁l, 9 E. – Waz zů dem schilt gihôrt J.
1 last k, lesset l. leben k. die f. B. 2 reht J. dag l. 3 So merck
waz e. d. k. dan l, f. k. froeden danne E. frǽude Jk. 4 ime l. balde
(am Rand nachgetragen) k, rehte B, denne J. 5 Gamvret BC, Game-
reth E, gamerach l, gammer vch k. beschach C. 7 Morin Jk,
môrinne E. ir] daz k. 8 lîp] lᵛt J. vnd BCl. 9 gibt l. och J, f. Bk.
ouch dir *umgestellt* Cl. hôhern pr. B, den selben pr. k, eren vil C.
10 Gibst du C, Gibbestu l. ime l. lîp f. k. hertz Jk. vnd BCk. hertze
lib vnd müt l.
19 = 19 BCJk₁l, 8 E, 17 g. – Waz schiltes reht si J.
1 genczlich kl, genzelich B, gantzes g. rechte l. 2 bis Cg. wol]
recht l. 3 Getreuw k, Triwe J, Bis getruwe g. milt BJ, dar zü k.
kᵛn BJk, kᵛsche C, kvsch El. vnde Jk. 4 ist CEJkl, wurt g. niht
an dir BCEgk.

5 und kumt dîn lop wol vür gevlogen.
  wilt aber dû leben in vrîer wal,
   den tugenden allen vor verlogen,
   der rede mîn triuwe sî dîn phant,
   wiltû in alsô ze halse nemen,
10 er hienge baz an einer want.

20 Sun, als dîn helm genem den stric,
   zehant wis muotic unde balt.
   gedenke an reiner wîbe blic,
   der gruoz man ie mit dienste galt:
5 sitz ebene und swende sô den walt,
   als dir von arte sî geslaht.
   mîn hant hât manegen abe gevalt:
   des selben muoz ich mich bewegen.
   guot ritterschaft ist topelspil:
10 diu sælde muoz des siges phlegen.

21 Sun, nim des gen dir komenden war

---

5 kvmet *E*, kommet *gl.* vor *kl.* 6 dû *f. BCk*. Wil abir dy liebe
in fr. w. *l.* 7 vor *f. l.* von gebogen *g.* 8 red *Jk*. triv *J.* 9 alsô]
so *CEgl*, dann *k*. hals *J.* 10 hienge (hing *k*) vil baz *kl. – In g folgt
hierauf Str.* 18, *vgl. Anhang.*
20 = 20 *BCJk*₁, 5 *E*, 14 *g*. – Waz er tŷn sol so er den helm vf
gebindet *J.*
1 als] so *Eg*, biz *J*. heln *B*. geneme *E*, genympt *g*. 2 So wis *J*.
bis *Cg*, wirde *E*. vnd *BCg*. 3 Gedenk *BJ*, Erdenck *k*. reiner] minnen-
der *E*. 4 mit dienst vergalt *k*. 5 Sitze *CE*. eben *BCEJ*. und *f. BC*.
swend also *B*. Sitze ebene gegen dem man dich halt *g*, Doch swent
ir myn recht als der walt *k*. 6 Also *g*. art *EJg*. sy angestalt *g*, ist
an geslaht *E*. 7 Mynn hat vil m. *k*. mangen *Jk*. ab *BEJk*. 8 mûste
g, mûst *CE*. ich ouch m. *g*. verwegen *Jk*. 9 Gûte *g*. 10 Fro
(Frouwe *g*, Fraw *k*) sælde *Egk*. wil *CEg*. segens *k*, tegenes *B*.
21 = 21 *BCJk*₁, 6 *E*, 15 *g*. – Wi er sol dez comenden varen an der
tiost *J*.
1 gegen *BCEg*.

und senke schône dînen schaft,
als ob er sî gemâlet dar.
lâz an dîn ors mit meisterschaft,
5 ie baz und baz rüerę im die kraft.
ze nageln vieren ûf den schilt
    dâ sol dîn sper gewinnen haft,
oder dâ der helm gestricket ist:
diu zwei sint rehtiu ritters mâl
10 und ûf der tjost der beste list.

22 Sun, wiltû kleiden dîne jugent,
daz si ze hovę in êren gê,
snît an dich zuht und reine tugent.
ich weiz niht, waz dir baz an stê,
5 wiltû si tragen in rehter ê.
si machet dich den werden wert
    und gît dir dannoch sælden mê:
ich meine reiner wîbe segen.
der ist ein sô genæmer hort,
10 in möhtę ein lant niht widerwegen.

---

2 senck vil sch. *k.*   3 Reht alse (als *k*) er *Ek.* Mit meisterschaft
du gegen im far *g.*   4 *f. g.* Vnd la din *B.* ors] ernst *k.* mit diner
m. *k.*   5 ie *f. Eg.* rv̂r *BJ.* Baz vnd ye bass rür dyne krafft *k.*
6 Zen *J,* Zün *k.* nagelen *CE,* nagel *g.* viern *B.*   7 haft] kraft *E.*
8 Ald *B,* Alder *E.* heln *BC.* gestrichet *E.*   9 reht *J,* rehtez *E,*
güttes *k.* ritter *C.* male *J.* 10 dem tivst *E,* dē tust *g,* der süst *k,* der
brust *C.*

22 = 22 *BCJk*$_1$, 14 *E,* 28 *g,* 12 *k*$_2$, 20 *l.* – Wie sich der man sol
cleiden mit tugenden *J,* Ein ander lere dez vatters *k*$_2$. *Als Kopftitel
der folgenden S. (Bl.* 804^r, *Schreiberwechsel) steht etwa über Z.* 7 In
der grůßwyse *k*$_2$.

1 zieren *Cl.*   2 hof *Jk*$_2$. D. s. in eren zcu habe ge *l.*   3 Snide *B.*
Sie andir tzucht *l.* reine] rehte *g.*   4 enweiß *k*$_1$ *l.*   5 si] in *J,* dich *E.*
trag *k*$_2$. rechtem *k*$_1$.   6 dem *k*$_1$, von *l.*   7 Vnde *E.* gibbit *l.* darnach
Bl. selde *k*$_2$, wunne *k*$_1$.   8 mein *J,* meinen *l.* gv̂ter *BCgk*$_2$*l,* der güten
k$_1$. segene *l.*   9 Daz *BEk*$_2$. i. so ein *g. gk*$_1$. gemessen *g,* getaner *l.*
10 möht *g,* mohte *k*$_2$*l,* moht *BJk*$_1$, kan *E.* widder wegene *l.*

23   Sun, dû solt bî den werden sîn
und lâ ze hove dringen dich.
der man ist nâch den sinnen mîn
dar nâch als er gesellet sich.

5   ze rehte swîc, ze staten sprich.
die bœsiu mære dir zôren tragen,
    von in dîn stætez herze brich:
wiltû dîn ôrẹ, als maneger tuot,
den velschelæren bieten dar,

10   sô wirstû selten wol gemuot.

24   Sun, dû solt dîner zungen phlegen,
daz si iht ûz dem angen var:
si lât dich anders under wegen
der êren und der sinne bar.

5   schiuz rigel vür und nim ir war.
gezoumet rehte sî dîn zorn:
    si gæbẹ umbẹ êre niht ein hâr.
wirt si dîn meister, wizze daz,
si setzet dich in gotes zorn

10   únd dienet dir der werlte haz.

---

23 = 23 *BCJk₁*, 29 *g*, 13 *k₂*, 21 *l*. – Wi er niht horen sol bosiv mær *J*.
2 hof *J*. dringe *l*. Vernym eben waz ich lere dich *k*.   3 dem
(deme *k*) sinne *Bk*.   4 Aldarnach *k*. also *g*, so *l*, vnd *B*, *f*. *k*.   5 Zü
rech swig zü vil nit sprich *k*.   6 Die do b. *g*. mær *J*, meren *l*, redde *g*.
dir *f*. *k*. ze oren *alle*. tragent *gl*.   7 in] den *l*, dem *k*. stete *C*, stedigis *l*.
8 din or *J*, die oren *k*. manger *J*.   9 wehseleren *B*, wesseleren *l*,
smeicheleren *k*, segelern *g*.   10 wirdes du *l*.
24 = 24 *BCJk₁*, 25 *E*, 30 *g*, 14 *k₂*, 22 *l*. – Wie man sol der zvngen
hûten *J*.
2 niht *Cl*. dē *C*, deme *k*. angel *J*, anger *gk*.   3 Sit l. *k*. lessit *l*.
vnerwegen *k₂*.   4 sinnen *CEl*.   5 Schv́sch *B*. vor *l*. ir] sin *J*.
6 dîn] der *g*. Gezamet si vil reht din zorn *J*, Gezŏme rehte dinem z. *B*,
Gezomet sie rechte dinen z. *k*, Getzogen mit rechte sy d. tz. *l*.
7 gẹb *BJ*, geben *l*. vmb *Jgl*. êre] dich *l*.   8 Wurt *g*, würt *k₂*. mein-
ster *k₂*. wissest *BCEgk*, so wisse *l*.   10 Vnd verdienet *k*.

25 Sun, bezzer ist gemezzen zwir
denne gar verhouwen âne sin.
ê daz diu redẹ entrinne dir
ze gæhes ûz dem munde hin,
5 besnît si wol ûf den gewin,
daz si den wîsen wol behage:
daz wort mac niht hin wider în
und ist doch schiere vür den munt.
wiltû des râtes volgen niht,
10 dû lebest an êren ungesunt.

26 Sun, swer ze blicke vuogẹ entnimt,
daz decket doch die lenge niht:
geribeniu varwe niht enzimt,
dâ man den schaden blecken siht.
5 diu helkäppel sint enwiht,
diu bî den liuten kleident wol
und daz in kündekeit geschiht.
nû ziehẹ er sîne kappen abe,
der alsô welle triegen dich,

---

25 = 25 BCJk₁, 26 E, 31 g, 15 k₂, 23 l. – Wie man die red besniden
sol J.

1 swir C. ₂ Danne BCEk, Denn g, Dan l. gar] eins k, f. B.
sin] sich sy l. ₃ Dan ee die rede l. red J. ₄ gohes g, gehet k₂, balde l.
hin] din Bgl. ₅ gewin] segewin l. ₆ behag BJ, behagen l. ₇ hin
f. l. ₈ schier Jk, sicher l. vor dem m. l. ₉ Wilt des C. des f. l.
Vnd wilt dv (wiltu k) mir des volgen nit Bk. 10 So l. B. lebst BE,
wirst J.

26 = 26 BJk₁, 32 g, 16 k₂. – Wie man sich hⱡten sol vor valchen
lvten J.

1 wer g, nit wer (nit *über der Zeile nachgetragen* k₁) k. füg J. ent-
nimmet gk. Svn swer ze blaiche an sich nimt B. ₃ Geriben k.
varwe] schôni B, schone k. nüt wol g. enzimmet gk. ₅ Die hel
kepfel B, Die nebelkappen g, Daz lieht gewant k. sint] daz ist k. ein-
wiht Bgk. ₆ Die hinden lⱡhtent claident wol B, Daz hin dan lühtet
cleydet wol k. ₈ zieh BJ. sin cappen ab J. kappe g. ₉ Der alsüs
wolle driegen sich k.

10   und merke, waz er drunder habe.

27   Sun, merke rehte, wie der rot
     daz îsen viulet und den stâl:
     alsô tuot unbescheiden spot
     des mannes herze sunder twâl.
5   ez ist ein sældenvlühtic mâl
     und slîchet umbẹ und umbẹ entwer
     von dem ze dem alsam ein swal.
     sun, dâ soltû dich hüeten vor:
     dû maht niht sanfte von im komen,
10   ob er dich bringet in sîn spor.

28   Sun, hôch geburt ist an dem man
     und an dem wîbe gar verlorn,
     dâ wir niht tugende kiesen an,
     als in den Rîn geworfen korn.
5   der tugende hât, derst wol geborn
     und êret sîn geslehte wol.
     ich hân ze vriunde mir erkorn

---

10 dar vnder *gk.* hab *J.*

27 = 27 *BJk₁*, 17 *k₂.* 15 *M* (*Z.* 1. 3–6. 8. 9 *frgmt.*). – Wie getan not der spot birt *J.*

1 daz rot *k*, das rost *B.* 2 fv́let *JM*, swendet *B*, swellet *k.* vnde den st. *M*, vnde st. *B.* 3 A. düt auch vmbescheiden sp. *k.* 4 hertz *Jk*, hertzen *M.* qual *M*, qüal *k.* 5 ein] an *J.* selden flüssig *k.* 6 vmbe vnd vmb *B*, vmb vnd vmb *Jk.* etwenne *k.* 7 Von deme tzu deme *M*, Von eyme züm andern *k.* als *JMk.* 9 sanft *J*, samft *M.* ime *Bk.* 10 sine *Bk*, sinen *M*, daz *J.*

28 *BJk₁*, 27 *C*, 17 *E*, 5 *K*, 34 *g*, 18 *k₂*, 25 *l.* – Wi edel ane tugend ist ze niht *J.*

1 hohe *l.* andē *Kg.* 2 Vnde *K.* an den wiben *EKk.* wib *J.* 3 tvgend *Jg*, tvgenden *BC.* kiesent *gk.* 4 Also *g.* geworfen korn *umgestellt l.* g. ein korn *J.* korn *fehlt k₁ (Platz für 4 Buchst. frei- gelassen).* 5 Swer *CE.* tvgent *BJg.* der ist *BEKgkl.* wol erborn *g*, hoch geborn *k.* 6 geslæht *J.* Nu merke reht was ich dir sage *C.* 7 Ich hat *E.* frivnt *J*, *f. l.* erkorn *f. k.*

den nidern baz, der êren gert,

vür einen hôhen sunder tugent,

10   der hiurẹ ist bœser danne vert.

29   Sun, dû solt haben und minnen guot,

alsô daz ez dir niht ligẹ obe:

benimtz dir tugent und vrîen muot,

sô stêt dîn herzẹ in krankem lobe.

5   guot ist gîtekeit ein klobe:

swem ez ist lieber danne got

und werltlîch êrẹ, ich wænẹ, er tobe.

swen ez alsô gevazzet vür,

der ânet sich der beider lieber,

10   ê daz er daz eine verlür.

30   Sun, dînen guoten vriunt behalt,

---

8 baz] mâg *B*. Der alle zit der eren gert *k*.   9 Danne e. *E*, Dan e. *Cl.* sunder] ane *E*. Fur der sich helt sonder dogend *k*.   10 hv́r *BJ*. denne *g*. vernt *Kg*. Vnd hüre boser ist dan fernt (fert k_2) *k*, Der ist hie bose vnde vnwert *l*.

29 = 29 *BCJ*k_1, 35 *g*, 19 k_2, 27 *l*. – Wie man dez gv́tes niht vil ahten sol *J*.

1 halden vnde liep haben *l*. got *k*.   2 Doch so *C*, Doch *g*, So *Bl.* ez] er k_1. dir *f. k*. iht *Bk*, ich *l*. lig ob *J*, obe lige *k* (*Wortfolge durch rote Striche korrigiert zu* 1. o. k_2). obe *f. l*.   3 Benimt ez dir *CJk*, Nimmet es dir *g*, Ob ez dir nymmet *l*. tugent] sin *B*, synne *k*, herze *Cl*.   4 stat *BCgk*. herz *BJ*, leben *Cgl*. lob *J*.   5 G. das ist *C*. gyrheit *l*. clob *J*.   6 *f. l*. Wem *g*, Weme *k*, Dem *C*. lieber ist *BJk*. denne *Bg*.   7 wertlich *Jk*. er *J*. wẹn *BJ*, wenen das *l*. tob *J*. 8 Wen *k*, Wenne *g*, Den *Cl*.   9. 10 Der anet (verzihet *k*) sich der bæder (–ai– *Bk*) lieber *(f. k.)* E daz er (E danne er auch *k*, E danne *B*) daz ein (eine *k*, er aines *B*) verlúr (verber *B*) *JBk*, Der onet sich der beider e Lieber denn er das eine verlür *g*, Der an sich der beider leben Ee das er dan daz eyne kür *l*, Daz er sich ânte ir beider ê Danne er daz eine gar verkür *C*.

30 = 30 *BJk*$_1$, 20 *Ek*$_2$, 36 *g*. – Wie man niht sol sin vber milt *J*. 1 dine *k*.

der dir mit triuwen bî gestât,
und wis in zorne niht ze balt
mit gæhen siten, dêst mîn rât.
5 ob dir daz guot ze nâhen gât
und ob dûz âne tugent vertuost,
diu beidiu machent missetât.
wirf in die mitte dînen sin,
habe und henge, vürhte got,
10 sô gât dîn leben mit sælden hin.

31 Sun, merke, daz diu mâze gît
vil êren unde werdekeit:
die soltû minnen zaller zît,
sô wirt dîn lop den werden breit.
5 ist daz den wandelbæren leit,
waz umbe daz? der bœsen haz
die biderben selten ie vermeit.
lebe dû in tugentlîcher aht
und lâ die krancgemuoten leben,
10 als in von arte sî geslaht.

---

8 Vnde E. bis g. zoren J. 4 gehem gk. daz ist BEgk. 5 Obe Egk. nahe BEgk. 6 Oder ob Eg. obe k. du ez Egk. tügende g. 7 Diu haise ich beidiv missetat E, Die beide heisse ich missetat g. 8 Wurff gk, Lege E. in daz mittel g, in die milte EJ. 9 Hab BJ. vnd fvrhte E. 10 So git selde dir gewin g.
31 = 31 BJk₁, 28 C, 29 E, 33 g, 21 k₂ 26 l. – Wie man in der mǎzze sol leben J.
1 merke] wissest CE, wisse l. daz] waz k. 2 werdekeit] selikeit g. 3 Wiltu die g. minnen] lieb haben l. ze aller EJgk, ellú C, alle l. 4 Do B. würt k, wurt g. den werden] din wirde (wurde k₂) Ck, wyt vnd l. 5 f. g. Das ist dan w. l. 6 umbe] ist dar vmb g, vns l. boser l. Waz vmmb der argen bosen haß k. 7 Der biderbe l, Die werden g. schelten C. 8 Leb CJ. 9 laz Jl. die krankgemüte B, die in krankkem gemüte k, die kranken muden l, den kranken also C. 10 Also g. im C, sie k. art Jk, adel E, alder l. ist C, sint k. geslachat k₁.

32   Sun, sô der vogel ê rehter zît
       von sînem neste vliegen wil,
       sich selben er vil lîhte gît
       den tumben kinden zeinem spil.
  5   die redę ich dir gelîchen wil.
       nimstû dich an, des dû niht maht
         volenden und dir ist ze vil,
        daz muostû ligen ânę êre lân:
       sô wære verre bezzer dir,
 10   und wærez nie gevangen an.

33   Sun, hebe, daz dû getragen maht:
       daz dir ze swære sî, lâ ligen.
       swer gernę ie über houbet vaht,
       der mohte deste wirs gesigen.
  5   dir ist der wîsen lop verzigen,
       wiltû ze gæhes muotes sîn
        ânę allen rât und unverswigen.
       sô kumt dir gar daz sprichwort wol:

---

32 = 32 *BJk*$_1$, 30 *C*, 10 *g*, 22 *k*$_2$, 28 *l*. 1.5-10 *E*. – Wie man sich sol an
nemen dc man vol bringen mac *J*.

1 e ze r. *B*. rehter] der *l*. Son der fogel der ee danne zü rechter zit *k*.
2 syme *kl*. nesten *k*$_2$. 3 selber *gkl*. er *f. l*. er git fillicht *k*. 4 ze
ainem *Bg*, zü eyme *k*, zü eym *l*. 5 Der *k*. red *J*, *f. l*. gliche *l*.
6 Nymmestü *kl*, Nimest dv *Bg*. dich des an *k*. des] das *gk*. 7 Vollen
enden vnde *l*. ist dir *J*. vnd zû vil ist dir *g*. 8 Da *C*. ligen] denne
ligen *g*, laissen ligen *l*. an eren *C*, vnd an ere *l*, *f. g*. So mvst dvs
(müstü *k*) leben âne ere (an eren *k*) lan *Bk*. 9 wær *J*. verrer *E*,
fúr ere *C*, faste *g*. dir *f. k*$_1$. 10 Vnd were (wær *J*) es nie *CEJl*, Vnd
hettistz nie *B*, Dü hettest nie *k*, Daz du es nie hettest *g*.

33 = 33 *BJk*$_1$, 31 *C*, 21 *E*, 37 *g*, 23 *k*$_2$, 29 *l*. 12.4-10 *M* (*Z*. 5-10
frgmt.). – Wie man nit zegæh sol sin *J*.

1 heb *BJ*, habe *Ck*, hap *g*. 2 Vnd das *B*. dir *f. E*. swær *Jgl*.
daz la (lais *l*) *Jgkl*. 3 Wan swer *E*. gern *J*, *f. E*. ie *f. J*. Wer ie
gerne *gkl*. hoübt *k*, heubt *l*. gevacht *l*. 4 möhte *g*, moht *J*. dester *Jl*.
weers *l*, wirst *E*, wurst *g*. 5 Dich *EJ*. verswigen *E*. 7 An *Cl*. und
f. l. öch verswigen *C*, vnuorczigen (*alles übrige fehlt*) *M*. An allen
dingen gar verswigen *g*. 8 kumit *M*, komet *gk*. gar *f. k*$_2$*l*.

des muotes alze gæher man
10 vil trægen esel rîten sol.

34 Sun, dû solt selten schaffen iht
âne dîner wîsen vriunde rât:
ob dir dar an gelunge niht,
daz wære niht ein missetât.
5 swer wîser liute lêre hât
und in mit willen volget nâch,
dem gêt ze sælden ûf sîn sât.
diu mære dicke zweient sich:
dâ von soltû daz beste weln
10 und volge dem, daz êret dich.

35 Sun, swer sich selben êren wil,
der nimt getriuwes râtes war:
man vliuset guoter ræte vil
an einem herzen tugende bar.
5 swer dienet unde râtet dar,
dâ manz ze danke niht vervâht,

---

9 Das *B*, Dz *g*, An *C*, *f*. *M*. mûte *C*. also *g*, alzü ein *l*, alz *k*. 10 vil]
Den *g*, Einen *kl*, *f*. *E*. tragen *J*. esel er r. *l*.
34 = 34 *BJk₁*, 32 *C*, 18 *E*, 38 *g*, 24 *k₂*, 30 *l*. – Wie man wisen ræten
volgen sol *J*.
2 An *Ck*. gûten *g*. 3 Obe *Egk*. gelinge *gl*. 4 wær *J*. So wer ez
niht *E*. 5 Wer *gkl*. 6 in] den *E*. folgen mag *gl*. noch *k₂*. 7 Deme
k. gat *BCEgk*. ze selten *C*, mit selden *g*. syne *l*. 8 mær vil dicke *J*.
Der rot gar d. zweiet s. *g*, Sit das dv́ mere zwaigent (die rede zweyget
k) sich *Bk*. 9 dv solt *B*. welen *Jkl*, –ll– *C*. Den besten soltu welen *g*.
10 volgen *B*. deme *gk*.
35 = 35 *BJk₁*, 33 *C*, 19 *E*, 39 *g*, 25 *k₂*, 31 *l*. – Wie man den ræten mit
werken volgen sol *J*.
1 wer *gkl*. selber *gkl*. 2 nymmet *gk*, nymmet nit *l*. 3 verlúset
CEl, verlüret *gk*, ervraischet *B*. gûter redde (rede *k*) *gk*, gudes radis *l*.
4 eym *l*. tvgenden *BCgk*. 5 Wer *gkl*. ratet vnde dienet *J*. vnd
BCkl. redet *kl*. 6 Daz *k*. man es *gl*. zcu vndanck (vn– *über der Z.*
uachgetragen, niht *f*.) *l*, ze dienst niht *J*, ze gv̂te niht *B*, nit für gǔt *k*.
vervahet *g*, virfehit *l*, enpfat *C*, verhat *B*, enhat *k*. 7 verlúset *BCEl*,

der vliuset sîne wîle gar.
swaz vriunde vriunt gerâten mac,
er enwelle selbe stiuren sich,
10   ez ist in einen bach ein slac.

36   Sun, si jehent allẹ, ez brenne vruo.
daz ze der nezzeln werden sol.
dîn junger muot daz selbe tuo:
daz kumt dir in dem alter wol.
5   mit dir ich leides mich erhol:
mîn trôst ist an dich einen komen,
dîn liep mîn liep, dîn leit mîn dol.
got tuo mich zweier sorgen bar,
daz dû iht werdest ungemuot
10   und daz dîn sêlẹ iht missevar.

37   Sun, drîzic jâr ein tôre gar,
der muoz ein narre vürbaz sîn.
die wîsen sprechent, ez sî wâr:
ez ist vil dicke worden schîn

---

verlüret *gk*. sinen willen *BEJgk*.   8 Waz *gkl*. frivnd frivnt *J*, frivnt
frivnde *Cl*, fründes frünt *g*, froüdes frünt *k*.   9 Ern welle *C*, Er welle
BEJ, Er welle (–u– *l*) denn (dan *l*) *gl*, Er wil als *k*.   selber *Jgkl*.
10 Daz *CEl*. in einen bach] rechte als in eyne bach *k*, als in die bach *l*,
also in ein wasser *g*.
   36 = 36 *BJk₁*, 35 *C*, 23 *E*, 40 *g*, 26 *k₂*, 32 *l*. – Wie man sich tugend
vlizzen sol *J*.
   1 man spricht *g*. all *J, f. Bgkl*. bürne *l*, senge *g*.   2 zer *J*, zeiner *C*,
zů einer *g*, ze *B*, zü *l*. nesselen *Ck*.   3 muot] lip *Bk*. daz selbe] ouch
also *g*.   4 komet *k*, kunt *g*, zimt *B*. deme *k*, dinem *B*.   5 leidens *l*.
ich mich laides e. *B*.   6 an] vf *J*. eine *g*. kon *C*. M. tr. i. eyn andich
geleit *l*, Din drost myn drost eine an mich komen *k*.   7 lip *(beide
Male) Jgl*. myn leit myn doil *l*, din lait min lait *B*. tol *g*.   8 tůge *g*.
zwaiger *B*, zweir *J*.   9 werdes vngemeit *l*.   10 dine *k*, die *g*. sel *BJ*.
   37 = 37 *BJk₁*, 35 *C*, 22 *E*, 41 *g*, 27 *k₂*, 33 *l*. – Wie man sol gůt
gewonheit haben *J*.
   1 Sun *f. J*. dor *l*.   2 tore *C*.   3 syge *k*.   4 vil] och *E*, gar *g*.

5   und ist ouch der geloube mîn.

gewonheit ist dâ schuldic an:

   diu gît dem lîbe solhen pîn,

des er von kintheit ist gewon,

ez sî im schade, ez sî im vrum,

10   dâ kumt er âne got niht von.

38   Sun, dû solt hovelîche site

in dînen sinnen lâzen phaden.

behüete dich vor einem snite,

der tuot an êren grôzen schaden:

5   dâ mite wart Jûdas überladen.

swer in dem snite noch vunden wirt,

   der muoz mit im ze helle baden.

ich meine untriuwe: uns seit diu schrift,

si sî der armen sêle dort

10   und hie des lîbes ein vergift.

39   Sun, dû solt kiuscher worte sîn

und stætes muotes: tuostû daz,

---

5 gloube *gkl.* 6 ist *f. k.* dâ] er *l.* 7 Vnd g. *g.* gibt *l.* deme *k.*
lîbe] vil *l.* selchen *B,* söllich *g,* solliche *kl.* 8 Swez *E.* er] iz *l.*
9 ime *(beide Male) l.* schad *J.* frvme *El.* Ez syge yme schade oder
frome *k,* Es kumme ime übel oder wol *g.* 10 enkomet *l.* er *f. B.*
an *l.* Do kan er küme komen von *k,* So kan in nieman bringen do
von *g.*
38 = 38 *BJ,* 36 *C,* 8 *g,* 34 *l.* – Wie man die vngetriwen fliehen sol *J.*
1 hiemelsche *l.* sit *J,* sitten *B.* 2 In dinem sinne *gl.* 3 Vnd hûte *g.*
eyne *l,* eime *g.* snit *J.* Behvt dich an and'em sitten *B.* 5 Da mit *BJl,*
Mit dem *g.* waz *J.* 6 Wer *g,* Der *Cl.* snit *J,* sitten *B.* wurt *g.*
7 ime *gl.* ze helbe *B,* zû hellen *g,* zer helle *J,* in der helle *l.* 8 mein *J,*
meinen *l.* vntriv *J.* sæt *J,* sagit *l.* diu *f. B.* geschrifft *g.* 9 Das sy
d. *l.* sige *g.* arm– *(Zeilenschluβ) J.* selen *gl.* dot *g.* 10 eine *g.*
39 = 39 *BJ,* 37 *C,* 3 *W,* 12 *g,* 38 *k₁,* 28 *k₂,* 47 *l.* – Wie man sol sin
stætes mvtes vnd wolgezogen *J.*
1 solt *f. W.* kusche.....e *(dazwischen ausgerissen) W.* wort *k.*

sô habez ûf die triuwe mîn,
dû lebest in êren deste baz.
5 trac niemen nît und langen haz,
wis gen den vînden hôchgemuot,
den vriunden niht mit dienste laz,
dâ bî in zühten wol gezogen,
und grüeze, den dû grüezen solt,
10 sô hât dich sælde niht betrogen.

40 Sun, hôchvart unde gîtikeit,
diu zwei sint bœse nâchgebûr,
an den der tievel sich versneit,
daz im sîn süeze wart ze sûr,
5 sîn schœne swerzer danne ein ûr.
in sleht noch hiute und immer mê
ze helle drumbe ein bitter schûr.
der in den schulden vunden wirt,
dem gît in sînem hûse rûm

---

2 *von* tuostû *nur das* u *erhalten W.* 3 habe es *Ckl.* 4 lebst *B.* an *g.*
dester *JWl.* 5 Trage *BCWl.* niemanne *BC,* nymant *l.* nit vnd *J :*
nit noch *CWg,* weder nit noch *k,* na *l, ſ. B.* langen *ſ. k.* 6 Bis *Cg.*
gen den *W :* gegen den *Ck,* gen (gegen *g*) dinen *Bg,* gen *J,* gegen *l.*
vigenden *g,* fyende *l.* wol gemŏt *B.* 7 Bis vr. *C.* vriunde *W.* niht *ſ. l.*
laz *ſ. l.* 8 mit tzuchten *l,* wis vro vnd *W.* 9 grüß *k.* den] da (do *Wg*)
CWgl. 10 enhait *l.* dich dŷ s. *B.*
40 = 40 *BJ,* 38 *C,* 28 *E,* 42 *g,* 39 k_1, 29 k_2, 48 *l.* – Wie man hohfart
vnd gitikeit fliehen sol *J.*
1 vnd *BCEkl.* gyrheit *l.* 2 bôs *J.* nachgeburn *C.* 3 An dem *g,*
Dar an *E.* 4 ime *gkl.* sine *g, ſ. k.* süeze] swertze *g.* süre *k.* 5 *ſ. k.*
5-10 Vnd mûs noch haben ewige pin Vnd iemer werende grosse not
Wer do vor hûtet der sinne sin Vnd volget des der lere min Gegen
gotte vnd der werlte er wol gestot *g.* 5 schôn *J.* swarzer dan *E,*
noch swerzer (swartzer *l*) dan *Cl.* vr *J :* hor *E,* sur *C,* kür *l,* rŏs mvr *B.*
6 En sleit *l.* hŷt *EJ.* vmmer mer *J.* 7 Zür *k,* Czu der *l.* hellen *l.*
drvm *J,* dromme *l,* darvmb (–vmbe *E*) *BE,* dort *k.* ein] der *k.* schor *E.*
8 Swer *E.* Der in dem snitte *C.* vunden] wont *l.* Wer fünden in den
schanden wirt vnd fert *k.* 9 Deme *k.* gibbit *l.* syme *k l.* rûm] rŏch *C.*

10   der selbe swarze hellewirt.

41   Sun, ich hân lange her vernomen,
    swer über sich mit hôchvart wil,
    daz im sîn leben mac dar zuo komen,
    daz sich vervellet gar sîn spil.
5   ein ieglîch man hât êren vil,
    der rehtẹ in sîner mâze lebet
    und übermizzet niht sîn zil.
    swer sich sô ziuhet und ie zôch,
    daz in sîn vuore machet wert,
10   der wirt an êren billîch hôch.

42   Sun, wil dir lieben guot gemach,
    sô muostû êren dich bewegen:
    an jungen man ich nie gesach
    diu zwei gelîcher wâge wegen.
5   waz touc ein junger lîp verlegen,
    der ungemach niht lîden kan
    noch sinneclîch nâch êren stegen?

---

10 selb *J*. swartz hellen wirt *l*.

41 = 41 *BJ*, 39 *C*, 43 *g*, 40 *k*₁, 30 *k*₂, 45 *l*. 1.6-10 *W*. – Wie man vber sich niht leben sol *J*.

1 habe *g*. har *C*, zit *k*, *f*. *g*. 2 Wer *kl*. Wer sich mit hochfart zieren wil *g*. 3 ime *g*, ie me *l*, *f*. *Jk*. darzü mag *l*. 4 sich] da *Bk*. sîn] ein *k*₂ 5 het *g*. 6 reht *BJ*, *f*. *kl*. rechte....*er (dazwischen ausgerissen) W*. in sinre *k*₂, noch siner *g*. lebt *BCJW*. 7 *und 8 vertauscht kl*. 7 vermisset *B*. 8 Wer *gkl*, Der *W*. sich sô] sich *J*, also *g*. vnde *W*. ie *f*. *W*. 9 syne *l*. fȗr *J*. 10 würt *k*, wurt *g*, wirdet *l*. an] in *W*.

42 = 42 *BJ*, 40 *C*, 30 *E*, 44 *g*, 41 *k*₁, 31 *k*₂, 46 *l*. 13 *M (Z.* 2-8. 10 *frgmt.*), 2.1-8 *W*. – Wie gemach bi eren niht enzimt *J*.

1 wil dir] wiltu (wilt dv *B*) dir (der *k*₂) *Bgk*, wiltu *M*. guot *f*. *k*. 2 erwegen *l*. 3 An ivngen manne *Jk*₂, An iungen mannen *Bgk*₁*l*, Ein iungen man *C*, An iungen mān...*M*. 4 diu zwei *f*. *k*. glicher *k*, in glicher (gelicher *C*, gleicher *W*) *CMWgl*, mit gelicher *E*. wagen *M*, volge *W*. gewegen *l*. 5 touc] sol *CEWgk*. 6 geliden *l*. 7 stegen] streben *Ek*.

ez ist mir âne zwîvel kunt,
ez loufet selten wîsiu mûs
10 slâfender vohen in den munt.

43 Sun, wizze daz, verlegenheit
ist gar dem jungen mannę ein slac.
ez sî dir offenlîch geseit,
daz niemen êre haben mac
5 noch herzen liebe sunder klac
gar âne kumber und âne nôt:
der luhs gêt sô niht in den sac.
swer sich vor schanden wil bevriden,
der mac geborgen niht dem lîbe,
10 noch dem guote noch den liden.

44 Sun, dû solt niht gên ungebeten

---

8 Der is *(Rest der Z. f.)* M. an *l.* 9. 10 Waz her vnvrouden uor
im sicht. . . . . vrouden hat irkorn M. 10 vohen] katzen *k.* Slaiffende den fußen vor den münd *l.*
43 = 43 BJ, 41 C, 31 E, 45 g, 35 *l.* 14 M (Z. 1. 3. 5—8. 10 *frgmt.).* –
Wie man niht eren mac haben ane arbeit J.
1 wizzest BCEg, wisz... M. 2 dem ivngen man C, eym iungen
man M, den ivngen mannen E. Ist den iungen gar ein sl. *g.* 3 Ez
ist CEgl. offenlichen E, uffencligen *l.* gesagit *l.* 4 nimant Ml. eren
M. 5 herzeliebe BCEl, hertze liep g. sunder] ane E, one *g.* clage *l,*
slac M. 6 Gťt a. B. an *beide Male l.* vnde *g. zweites* âne f. Cg.
7 lvhs J: löch BCEg, buch *l.* gat BEg, f. C. der luhs gêt f. M. sô f. *l.*
den] dez M. 8 Wer *gl,* Der M. vor] von *l.* 9. 10 f. E *(nach* befriden
bricht Fragment E ab). 9. 10 Der mac giborgen niht dem libe Noch
dem gťt noch den liden J: Der mac geborgen nicht dem li. . . . .noch
den liden M, Der enmag borgen niht libe Gťte noch den liden B, Der
mag geborgen niht dem gůte Noch dem libe noch den geliden g, Der
mag nit geborgen den lip Nach den guten nach den lieden *l,* Der mac
gebergen niht den lib Er můs enblanden an den liden C. – *In g folgt
hierauf Str. 46, vgl. Anhang.*
44 = 44 BJ, 26 C, 51 g, 42 k_1, 32 k_2, 24 *l.* – Wie man ze rät niht sol
gen vngebeten J.
1 d. s. nit gan an vng. *k,* d. s. gon niht vng. *g,* dv gane niht vng. C.
gên f. Bl.

an vriundes noch an vîndes rât:
ez mac den man in schaden weten,
ob er dâ sitzet oder stât,
5 dâ man sîn gerne hete rât.
sun, dâ soltû niht dringen zuo:
vür wâr ez ist ein missetât.
kumst aber dû dar von vriundes bete,
sô sliuz die scham vür dînen munt,
10 daz sich diu zunge iht übertrete.

45 Sun, beidiu luoder unde spil
sint lîbes und der sêle val.
der âne mâze in volgen wil,
si machent breite huobe smal.
5 swer lebet âne êre in vrîer wal,
der wirt den werden schiere unwert
und hûset in dem affental.
swer alsô vliuset sîne habe
mit disen swachen vuoren zwein,

---

2 Gan an viendes noch an frv́ndes r. *B*, An fiendes noch an fründez
r. *k.* an] zů *beide Male g.* 3 mac] mochte *l.* schande *C.* 4 Obe *k.*
gat *B.* 5 Do *gk*, Ob *J.* gern h. r. *J*, hete gerne r. *C*, gerne gerât *B.*
6 sun] Sich *g.* do soltu niht *g*, da solt n. *J*, dv solt so niht (nü *k₂*) *BCk*,
du salt dich n. *l.* n. gerne dr. *B.* 7 Wann es ist eine m. *g*, Wanne
ez ist große m. *k.* 8 Komest a. dü dar zü *k*, Kvmst dv aber dar *B*,
Kommestu (Komes du *l*) a. d. *gl.* frv́nde *B.* bet *BJ.* 9 slv́sse *B*,
beslús *C*, schüß *l.* die] dem *l.* schame *Cgk.* dînen] den *Cg.* 10 diu]
din *Ckl*, dine *g.* zvng *J.* v́bertret *BJ*, obirrede *l.*

45 = 45 *BJ*, 42 *C*, 52 *g*, 43 *k₁*, 33 *k₂*, 36 *l.* 16 *M* (*Z.* 1–9 *frgmt.*),
4.1.2 *W.* – Wie man lv̈der vnd friheit vliehen sol *J.*

1 bædiv *J*, bede *g.* vnd *BCWgk.* 2 Ist *g.* unde *M.* sel *B*, selen
Wgkl. vol *k*, ain val *Bg*, tot *W.* 3 Wer *gk.* âne] obir *l.* 4 machin
im *M.* breit *J.* hv̈ben *Bgk.* breitú eigen *C.* Der machet gud vnd
eygen smal *l.* 5 Wer *gkl.* lebt *BCJ.* an *CMgl.* er *J*, eren *l.* in] an *M.*
6 wurt *g*, würt *k.* der werlde *M.* schier *BJMkl.* 7 Unde *M.* in der
affen tal *Ckl.* 8 Wer *gkl*, Der *M.* alse *B*, alsus *g*, sus *C*, so *k.* ver-
lv́set *BCMl*, verlüret *gk.* sin *l.* hab *J.* 9 dissen *l.* valschen *Cl.*
fv̈gen *B*, vneren *l.* sw. v.] suren swachen *g.* zwein] zwar *B.*

10   der læge baz in einem grabe.

46   Sun, swen sîn sin verleitet sô,
daz er unreht im selben tuot,
ist er bî wîsen liuten vrô,
dâ sol man kiesen tôren muot.
5   diu riuwẹ ist nâch der schulde guot
ob si von herzen rehte vert.
ein vol in einer wilden stuot
unûzgevangen wirt ê zam,
ê daz ein ungerâten lîp
10   gewinnẹ ein herze, daz sich scham.

47   Sun, twinc des dînen vrîen sin,
daz dû ze hûse rihtest dich.
ein teil ich ungereisic bin:
man tuot und lât unvil durch mich.
5   den armen gip, snît unde brich
mit willen dîner reinen habe:
ob allen ræten daz râtẹ ich.
ez ist dir guot und wirt ouch mir.

10 eyme *Mgkl.* grab *J.*
46 = 46 *BJ*, 43 *C*, 48 *g*, 37 *l.* 17 *M* (Z. 2 *f.*, 1. 3–7. 9 *frgmt.*). – Wie
dez vertฺrers fræud ist ein torheit *J.*
1 wen *g.*   2 seben *C*, selber *l.* im selber vnreht *g.*   3 Ist der *Cg.*
vrô] gemeiet *l.*   4 Do mag man schouwen *g.*   5 Der *gl.* riv *J.*
6 Obe *l.* reht *Jg.* von rehtem herzen *Bl.* gefert *g.*   7 vole *M*, wolff *l.*
in] von *C*, uz *M.* strût (–ü– *l*) *gl.*   8 Vn (Vnd *l*, Ende *M*) vs gevangen
BCMl, *f. g.* wurt *g*, wer *l.*   10 Gewonne ein gut h. *l.*
47 = 47 *BJ*, 44 *C*, 50 *g*, 38 *l.* 18 *M* (Z. 1–6. 8–10 *frgmt.*). – Wie man
sol hvs er tฺn mit siner hab *J.*
1 dz *g.* sin] mut *M.*   2 richtes *l.*   3 vngereiset *g*, vngerihtig *C.*
4 Wan t. *C.* und] noch *Cg.* lazet *M.* unvil] nüt me *g.*   5 Dem *B.*
vnd *BCgl.* ... armen snide unde brich *M.*   6 dyn *l.* rainer *B*,
reine *l.* hab *J.*   7 rat *BJ.* Ob a. raten rate daz ich *M*, O. a. r. lere
ich das dich *g*, Boben affen reden ich das *l.*   8 ist *f. C.* dir *f. l.* wurt *g*,
wert *l.* ouch *f. B.*

ich hân in êren her gelebet:
10   ze hûs wirfę ich den slegel dir.

48   Sun, ob ich ungertiemet wol
und ânę unvuoge sprechen mac,
mit liebę ich dich bescheiden sol:
sît ich von êrste hûses phlac,
5   dâ kom ich nie von einen tac.
mîn umbesæzen wizzen wol,
    wie dô mîn wort in êren lac.
ich hete noch vil guoten muot
und willic herze, wan daz mir
10   daz alter grôzen schaden tuot.

49   Sun, swer daz hûs wol haben wil,
der muoz driu dinc ze stiure hân,
guot, milte, zuht, sô lît sîn spil.
ist er dâ bî ein vrœlîch man,
5   derz wol den liuten bieten kan,

---

9 habe *Mg.* mit eren *C.* har *g.* gelebt *BCJ.*   10 huse *Bg.* wirf
BJ, werfen *l.*

48 = 48 *BJ,* 45 *C,* 49 *g,* 39 *l.* 19 *M (Z.* 1–4. 6. 8. 9 *frgmt.*). – Wie der
vater huses hat wol gipflegen *J.*

2 an ungefuge *M,* ane fuge *l.*   3 lieb *J.* dir *B.* bescheynde *M.*
4 Sint *Ml.* erst B, ersten *J.* husens plag *l.*   5 Do *Bg.* kam *Bg,* kum *C,*
enquam *l.* von nie *g,* von niht *C,* nie von eren *B.* Da von ich nacht
unde tac *M.*   6 Mine *Bl,* Muz … *M.* vmmesessen *l,* vmbesetzen *C,*
vnbesessen *g.* wissent *g,* wisten *C,* wusten *l.*   7 da *l, f. M.*   8 het
noch *J,* hette (hate *C*) ouch noch *Cgl.* vil] wol *g.*   9 V. ein willig h. *l.*
daz *f. l.*   9.10 Vnd willig hertze wer nügent das Dz mir der alter den
schaden dût *g.*   10 Daz *f. B.*

49 = 49 *BJ,* 46 *C,* 2 *E,* 11 *g,* 40 *l.* 21.1–6 *M (alle Z. frgmt.*). – Was
zem hvs gihort *J.*

1 wer *gl.* daz] sin *g.* wol] nv *J, f. Bl.* halten *gl.*   3 milt *BJ.* vnd
zvht *Jg.* sô] da *E,* do *g.* daz sp. *g.* Milde demut true *(Rest der Zeile f.)*
M.   4 Er ist da by *l.* Er ist och gar ein sælig man *Eg.*   5 Der ez *Egl.*
gebieten *E,* erbieten *g.*

sô tuot sîn brôt dem nemenden wol
und lachent beidę ein ander an.
sun, sint dir niht die tugende bî,
sô mac der gast wol rîten vür,
10   swie gar er naz und müede sî.

50   Sun, swer mit tugenden hûses phliget,
der nimt an werdekeit niht abe,
und alsô mit der mâze wiget,
daz im gevolgen mac sîn habe.
5   und krüche der an einem stabe,
gotę und der werlte wærę er wert.
die redę ich in dîn herze grabe:
wil si dar inne wurzen niht,
als einem vogel, der ê zît
10   von neste vliuget, dir geschiht.

51   Sun, hûsêrę ist ein werdekeit,
diu bî den hœhsten tugenden vert.
swer si mit schœnen sinnen treit,

---

6 din br. *J*. dem *J* : den *BCEMgl*.   7 bede *g*, bæd *J*.   8 sint] sin *l*.
die *f. B*.   9 r. vort *l*.   10 Wie wol *gl*. er *umgestellt:* mⱴde er si *E*.
vnde *B*, oder *Eg*.

50 = 50 *BJ*, 47 *C*, 9 *g*, 44 *k₁*, 34 *k₂*, 41 *l*. – Waz dem geschiht der mit
vnwitzen hvs hat *J*.

1 wer *gkl*. dugende *l*, eren *g*. pfligt *BJ*.   2 nymmet *l*. ab *J*.
3 mossen *g*. wigt *J*. Wanne (Wan *B*) er hat *(f. B)* schanden ane gesi-
get (angesigt *B*)*Bk*.   4 *f. Bk*.   5 V. krüch er ioch an *k*. eime *gkl*.
stab *J*.   6 *f. k*. Got *J*. wær *J*, wer *Cgl*.   7 red *J*. in dinem herzen
begrabe *B*. grab *J*. *darauf folgt* Des han ich ie mit willen begert (gert
k) *Bk*.   8 da inne *Cl*. wurzeln *B*, worzelen *k*, wesen *Cl*.   9 Also *g*.
eyme *k*, ain *Bg*. einem vogel *f. l*. der ee der tz. *l*.   10 Vom *k*. nest *J*,
syme neste *l*. geflivget *J*. dir gesch.] glich also ouch dir geschiht *g*.

51 = 51 *BJ*, 48 *C*, 42 *l*. 20 *M (alle Z. frgmt.)* – Wie wol hvs er zieret
J.

1 hvs er *J*, hus han *C*, huß halden *l*.   2 tugenden] eren *Cl*.   3 Wer *l*.
sinnen] siten *M*.

wie wol sich der in êren nert!

5 daz guot wirt reineclîch verzert,

daz niht ein schade geheizen mac.

zwên vrumen sint dâ von beschert:

gotes lôn, der werlte habedanc.

der disiu zwei behalten kan,

10 den rîchet wol sîn ackerganc.

52 Sun, zwei dinc êrent wol den man,

der sich wil êren mit den zwein,

sô daz er si behalten kan:

daz einę ist jâ, daz ander ist nein.

5 wie zieret golt den edelen stein?

alsô tuont wâriu wort den lîp.

er ist niht vleisch unz ûf daz bein,

dem alsô sliphic ist der sin,

swâ er sîn jâ geheizen hât,

10 daz er sîn nein dâ schrenket hin.

53 Sun, vliuch, daz dich iht bindę ein bant,

daz ist gestricket in der maht,

---

4 mit eren genert *l.* 5 wirt *f. C.* reinlichen *l,* iem'lich *M.* 6 schad *J.* 7 Zwene *B,* Vnd zwen (zwene *l,* zwe. . . *M*) *CMl.* from *C.* werdent *B.* dâ von] dir von *C,* von *l.* 8 lone *B,* lon vnd *J.* werulde *l.* habedanc] danc *J.* 9 disse *l,* dv́ *C.* wol behalten *C,* wol halden *M,* verdienen *J.* 10 Der *l.* rihtet *Bl,* rich᷑. . . *M.* synen *l.*

52 = 52 *BJ,* 49 *C,* 27 *E,* 47 *g,* 45 *k₁,* 35 *k₂,* 43 *l.* – Wie man warhaft sol sin *J.*

1 dinc *BJk:* wort *CEgl.* herent *B,* eren *Ck.* 2 Wer *l.* den] in *C.* 3 sü *g,* sich *BJ,* si wol *E.* gehalten *g.* 4 ein *BEJ.* Das ist eyn ia *l. das zweite* ist *f. CEgkl.* 5 ziert *J.* gelt *l,* got *g.* den edeln st. *g,* das edel gest. *Ck,* adir edel gestein *l.* 6 Als *Ck₁.* war *k₁,* gewerú *C.* 7 niht *f. B.* biz *El.* ûf] an *BEgk.* 8 Swem *E,* Wemme *g.* slüppfig *g,* sliffig (–f– *B) Bk,* virsliffen *l.* 9 Dar *CE,* Do *g,* War *k,* Das *l.* sîn *f. l.* verheissen *g,* genennet *C,* gemeinet *l.* 10 Da *l.* slengert *l,* krenket *B,* schússet *C.* hin] in *B.*

53 = 53 *BJ,* 50 *C,* 46 *k₁,* 36 *k₂,* 44 *l.* – Wie man den ban vliehen sol *J.*

1 bind *J,* fynde *l.* 2 gestercket *k,* gitekeit *B.* in] mit *k.* aht *J.*

daz dû gebunden bist zehant
vor gotẹ in krefticlîcher aht.
5 swer wirt in sîne stricke brâht,
sô daz in vindet dâ der tôt,
wê im, daz sîn ie wart gedâht!
daz bant ist der gedienet ban,
der klemmet in der hellẹ alsô,
10 daz Jûdas nie die nôt gewan.

54 Sun, dannoch ander kraft er treit:
den er gevazzet an sîn seil,
er nimt im al der kristenheit
gemeinẹ und aller sælden teil.
5 sîn wundiu sêle wirt niht heil:
kumt er mit rehte niht dar von,
ie grœzer wirt der sünden meil.
gebet, almuosen ist verlorn
und swaz er guotes mac getuon,
10 die wîlẹ in stichet dirre dorn.

55 Sun, âhtẹ ist ouch ein bitter krût:
strâzẹ und ir stîge gerne mît.

---

3 bist gebunden *l.* 4 got *J.* crefftlicher *l.* âhte *B,* maht *J.* 5 Wer
k, Der *Cl.* würt *k.* in sinen strik *J,* habe in syne stricke *l.* brahte *B.*
6 en da fyndet der doit *l.* vinde *C.* do k_1. 7 yme *kl.* 8 gediente
BCl, verdienet *k.* 9 hellen *l,* helfe *C.* 10 nie den klam *k,* nie solich
clam *B.*
54 = 54 *BJ,* 51 *C,* 49 *l.* – Waz craft der pan hab *J.*
1 a. cr. er dannoch dreit *l.* træt *J.* 3 Der (D– *durch Punkte getilgt*)
B. nimet *Cl.* ime *l, f. C.* al die *J,* aller der *Bl.* 4 Gemein *J,* Gemeinde
BC, Gemeinschafft *l.* und *f. l.* 5 wundiu] werdiv *B,* gewonte *l.* sel *B.*
6 Kommet er nicht mit r. *l.* mit reht nit *BJ.* der von *CJ,* da von *Bl.*
7 E *B,* In *l.* súnde *C,* sunder *l,* sælden *J.* 8 Geben almuse *l.* wirt *BCl.*
9 waz *Bl.* 10 wil *BJ.* das in *l.* disser *l.*
55 = 55 *BJ,* 52 *C,* 47 k_1, 37 k_2, 50 *l.* – Wie man missetat fliehen sol *J.*
1 âhte *B,* flŧch *J.* sint *J.* ouch *f. J.* 2 Ir stroße (–a– *l*) *kl.* und
f. kl. steige k_1, stege k_2. gern mit *J,* gerne virmyt *l,* ger du nit *k.*

si mac verleiten dir dîn hût,
swie guot geleite man dir gît.

5 gerihtes über dich ist zît,
swâ man dich hœret oder siht,
die wîlę ûf dir ir boie lît.
dâ lâ dich inne niht versmiden:
kein zungę, und ist der rihter guot,
10 mac dich vor tôde niht bevriden.

56 Sun, ich wil dir nû niht mêre sagen.
der mâzę ein zil gestôzen sî:
dû ęnmaht sîn alles niht getragen.
nim ûz den ræten allen drî,
5 lege si dem herzen nâhen bî,
ob ez niht bezzer werden mac:
wirt gotes minne nimmer vrî,
wis wârhaft, zühtic sunder wanc.
manec tugent ir vluz nimt von den drîn:
10 behalt si wol, habę immer danc.'

---

3 dîn] die *Cl.* 4 Wie *kl.* geleit *BJ*, geferte *k.* 5 G. ist obir dich tz. *l*,
G. ü. d. ez ist z. *k.* 6 Wo *kl.* 7 wil *BJk.* ir] div *B*, die *k, f. l.* poye *B*,
poy *J*, beie *Cl*, pore *k.* 8 Do *k.* lais *l.* 9 Keine *l.* zvng *J.* ricter *l.*
10 Kan *Bk.* dich vor tode *J*: vor dem tode dich *Cl*, dich vor im (yme
k) *Bk.* niht *f. Cl.* gevriden *Bk.*
56 = 56 *BJ*, 53 *C*, 6 *K*, 48 k_1, 38 k_2, 51 *l.* – Hie git der vater ein
ende sinem rate *J.*
1 ich enwil *Bk.* dir niht mere (me *k*) *Ck*, dir numme *l*, niht me nu *K.*
2 mâzz *J*, moß *k*, mazen *l.* zil] deil *l.* ist *l.* 3 Dv maht *CJK.* sîn]
es *Bl.* 4 den (dien *C*) raten *CK*, den (*f. l*) reden *Bl*, den rechten *k.*
drû *K*, dryn *k.* 5 Leg *J.* deme *Kk*, in dem *B.* nahe *BCKkl.* 6 Obe
kl. 7 Wirde *B.* gotz *k.* 8 Bis *C.* By warheit tzuch dich s. w. *l.*
9 Manc *J*, Maniche *l.* tugende *B.* iren *l.* flᵼs *K*, fliß *l.* nimet *BCKl.*
vsden dr. *K*, von dr. *C*, von dir *l.* Dusent nement lere von den (den *f.*
k_2) dryn *k.* 10 Nv phligir w. *K.* hab *J.* habe immer danc *f. l.*

2. Die Fortsetzungen

57   ʻVater, dû hâst veterlîchen mir
       gerâten als ein wîser man.
       ich wil vil gerne volgen dir,
       ob mir got sîner helfe gan,
   5 diu alliu dinc volenden kan.
       sîn unvolmezzen hôhiu tugent
         bitte ich immer unde man,
       daz ich im hie ze dienste lebe,
       alsô daz er mir drumbe dort
  10 sîns vater himelrîche gebe.

58   Vater, ich bin ein kint, doch sihe ich wol,
       daz disiu werlt ein goukel ist.
       ir vreude erlischet als ein kol,
       ir bestiu wunne wirt ein mist,
   5 ir trôst ist gar ein ungenist.

57 = 57 *BJ*, 54 *C*, 1 *k₂*, 52 *l*. – Hie antwurt der svn dem vater *J*,
In der grußwyse des sünes antwʻt vff dez vatters lere die er vor vnd
nach hat getane dem sone *k*, Die antwurte wie der son dangber ist dem
vater *l*.

1 væterlichen *J*, vaterliche *l*, vetterlich *k*, vaterlich *BC*. 3 vil *f. Bl.*
gern *J*. 4 Obe *l*. 5 Der *Bl.* elliu *BC*. wol enden *BC*, vollen enden *l*.
6 Syne *l*. vnvollemezzen *B*, vnfulmessene *l*, wol gemessen *k*. 7 Bit *J*,
Bidder *l*, Die bitte (bitt *k*) *Bk*. ich ôch i. *C*. vnd *BCl*. mane *l*. Die
bitt ich sie mich gutes man *k*. 8 ime *l*. D. i. ze dienste im *l. B*.
leb *J*. 9 Das er mir dort dar vmme *l*, A. daz er mir dort (darvmb
getilgt, darüber:) wille *k*, A. daz darvmbe mir dort *B*. 10 Sines *Bl.*
vaters *B*. hiemelrich *l*, riche *k*, hulde *B*. geb *J*. S. v. riche (muße
getilgt, darüber:) darvmbe gebe *k*.

58 = 58 *BJ*, 55 *C*, 2 *k₂*, 53 *l*. – Wie wertlichiv wnne ist ein mist *J*.
1 ein *f. C*. sich *J*. Vater i. b. e. kynt frist Doch sehen ich wol *l*. 1–5
Ach vatter ich bin noch ein kint Doch sehen ich (wol *ausgestrichen*)
daz die welte birt Ein gogelwerck ir freude sint Recht alz ein kol
verbrynnen wirt Ein mist ir trost ein vngenyst Sie let ir frund in
swerer hab *k*. 2 disse *l*. werlte *B*. 3 Ire *l*. vræud *J*. erlôschet *C*,
virleschet *l*. 4 wunne] minne *C*. wirt] ist als *B*. 5 genist *l*.

si lât ir vriundę in swacher habe,
des dû wol innen worden bist.
dû hâst ie her gedienet ir:
nû merke, waz ir trügeheit
10   ze lône habe gegeben dir.

59   Vater, alter lîp und müediu lit,
diu zwei sint dîn mit voller habe.
dû wærę ê snel, nû gât dîn trit
ze nâhen leider bî dem stabe.
5   dâ grûset mir von schulden abe,
ob dîne schulde manicvalt
   dem lîbe volgent hin ze grabe.
dîn rât ist kranc, ob daz geschiht:
des mannes wîstuom ist niht guot,
10   ist er im selben wîse niht.

60   Vater, wîsem manne schône zimt,
daz er tuo wol mit stæten siten.
dâ bî ein tumber bilde nimt:
daz würde vil lîhte sus vermiten.

6 lesset *l*, leit *B*. frivnd *Jl*. in smehe h. *B*. hab *J*.   7 wol *f. l*. inne *B*. 8 ie] biß *l*. har *C*.   9 ire *l*. trvgenheit *Bk*, drunckenheit *l*. 10 lon *J*.hab *Jk*.

59 = 56 *C*, 59 *J*, 3 *k₂*, 54 *l*. – Wie widerstendlich daz alter ist *J*.

1 Ein alter lyp *k*. lede *l*.   2 dîn mit] niht nah *C*. hab *Jk*.   8 wer *Ck*, wærd *J*. ê] ie *kl*. gât] ist *C*.   8.4 Du were ie snele Nu geit leider din dret nadē stabe *l*.   4 nahe *Ck*. leider] leyten *k*. stab *Jk*.   5 Du gruselst mich v. sch. a. *l*. ab *J*. Sich vatter da gruwet mir ab *k*.   6 Obe *l*. din *Jl*. schuld *J*.   7 lib *J*, libe hie *l*. hin *f. l*. volget hinz dem grab *J*, volget zu dem grab *k*.   8 ob] abe *l*.   9 wisheit ist ein wint *Cl*, wysheit ist vernicht *k*.   10 Er en ist ime selbis *l*. selber *J*, selbes *k*.

60 = 59 *B*, 57 *C*, 60 *J*, 4 *k₂*, 55 *l*. – Wie der alt sol gût bild geben *J*.
1 V. disem man *J*. zimet *Bl*. V. eim wysen manne zympt schon *k*. 2 *f. l*. tuo *f. k*. wol tû *C*.   3 nimet *B*. Das er die nymmet *l*.   4 Da w. *k*. wurd *J*, worde *k*, wirt *Cl*. sust villicht *k*. Das lihte svs wrde v. *B*.

5   ein alter man mit tumben siten,
der niht bedenket, waz er ist
    und waz got durch in hât erliten,
der ist in tôren aht gemuot.
    ez ist ein lop vor allem lobe,
10   der an dem ende rehte tuot.

61   Vater, mit urloube wil ich dir
mîn herze entsliezen über al.
    ez enmac sich niht verheln bî mir:
dû solt vür dîner sünden val
5   legen ûf dîn eigen ein spitâl
und solt dich selben ziehen drîn.
    ich var mit dir in vrîer wal.
alle unser habe sul wir dar seln
    und vür der werlte trügeheit
10   daz süeze himelrîche weln.'

62   'Sun, die rede ûz dem herzen dîn
gesprochen hât ein wîser geist.
    ich vreu mich in dem herzen mîn,
daz dû von gote sô vil weist.

---

5 alter Jl: gar alt BC, wol alt k.   6 Er n. k. bekennet kl, erkennet C.
7 hat dvr in C. gelitten (–lieden l) Bkl.   8 in] der k, f. B. dores
achte l, toren wis B.   9 Daz l. vor] ob Bk, obir l. alme l. lob Jk, f. B.
10 Der biß ans k. reht Bl.

61 = 60 B, 58 C, 61 J, 5 k_2, 56 l. – Hie rât der *(erg. sun)* dem vater.
daz si sich bigeben J.

1 vrlaub Jk. dir] zeln k.   2 hertz Jk. M. h. gein dir entsließen
gar k. 3 mac $CJkl$. bî] in B. nit by mir verheln k.   4 sunde l.   5 Leg
k. einen B.   6 selbe C, selber Jkl. dar in l.   7 faren l. vriger B,
friher l, siner k.   8 All k. hab Jk. sol k, svln BC, sullen l. zelen J,
zeln k, geben l.   9 werlt J. trvgenheit Bk, gerechtekeit l.   10 svz B.
hymmelrich (hiemel– l) kl, himellant B. herweln k.

62 = 61 B, 59 C, 62 J, 6 k_2, 57 l. – Hie wil im der vater volgen J.
1 dise B. red Jk. herze C.   2 reiner g. Ckl.   3 frövwe BC, frau-
wen l.   4 got BJ. sô] als B. Daz dv so (also l) vil von gote w. Ckl.

5 dîns râtes wil ich sîn volleist,
   wan dâ stuont ie mîn wille nâch:
      doch liez ichz durch dich allermeist.
   ich hân gelebet nû lieben tac,
   daz dû ze gote dich wilt begeben
10   und ich mit dir gebüezen mac.

63   Sun, swaz ich vreuden ie gewan,
      die sint bî disen vreuden blint,
      sît ich von dir vernomen hân,
      daz dir die sünde unmære sint.
5   ich sage dir, herzenliebez kint,
      wir koufen in dem sacke niht
         (an dînem muote niht erwint),
      ob wir hie unser zwîvelleben
      umbe einez, daz uns immer wert,
10   mit vreuden willeclîche geben.'

64   Ûz ougen muoste er wangen baden:
      von herzenliebe daz geschach.
      der sun sprach: 'vater, ir tuot iu schaden,

5 Dines *B*, Dez *J*. sin ein folleist *l*.   6 nâch] zв̊ *Cl*. Wan du stв̊nt ie
minem willen nach *J*.   7 ich durch *J*. vmb dich *k*.   8 gelebt *CJk*.
9 got *BJ*. wilt dich *BC*. ergeben *Bl*, geben *k*.

63 = 62 *B*, 60 *C*, 63 *J*, 9 *k₂*, 58 *l*. – Wie sich der vater fræut *J*.
1 waz *BCkl*. freude *l*.   2 gein dysen *k*.   3 Sint *kl*.   4 svnd *J*,
frôide *C*, freuden *l*. vnmer *B*, vmmer *l*.   5 sag *Jk*, sagen *l*. herze-
liebez *BCk*, hertzes liebes *l*.   6 keuffen *kl*. in der sache *C*.   7 mût *B*.
herwint *k*, enwint *l*.   8 Obe *l*. unsers *C*, vnß *l*.   9 Vmb *BCJ*. eyns *l*.
uns *f. l*. wirt *k*.   10 willeclich *Jk*, willeklichen *Cl*. gegeben *k*. – *In k₂
folgt Str*. 10, *vgl. Anhang*.

64 = 63 *B*, 61 *C*, 64 *J*, 11 *k₂*, 59 *l*. – Hie weint der vater. vnd trôst
in der svn *J*.
1 Suß *k*. mв̊st *J*, musten *kl*. er *f. k*. wange *J*, die wangen *B*.
2 Den von h. *l*. herzeliebe *BCk*. daz *f. l*.   3 ir *f. k*. tв̊nt *BC*. uch *k*.
vade ir moget uch swachen *l*.

ir volget wîbes siten nâch,
5 die man ie lîhte weinen sach:
dâ hœret niht wan vreude zuo
und hie des lîbes ungemach.
ez ist niht ein kindes spil,
der mit des lîbes arbeit
10 ze rehte sünde büezen wil.'

65 'Got herre, dîne trînitât
und dîne starken goteheit
erbarmen sol mîn missetât.
ich man dich dîner barmekeit,
5 diu rehter riuwe ist bereit,
daz dû mir stæte riuwe gebest,
sô daz mir sî von schulden leit,
daz ie der lîp gesündet habe:
daz iht des sî diu sêle phant,
10 durch dîne tugent des hilf mir abe.

---

4 volget *Bk.* 5 ie] vil *l.* liht *B,* gerne *C.* 6 gehoret *l.* wan]
dann *k,* dan *l.* 7 Vnde *B.* 8 Es en ist n. *l.* nit gar ein *k.* kinde
spil *B.* Ia ist es niht ein kindenspil *C.* 9 Wer *k.* arebeit *C.* 10 reht
B. Z.r. gotte dienen w. *k. Randeintragung neben* 10 *von gleicher Hand
Des vatter l(ere) ze sinem svn (hat) ende hie (das Eingeklammerte
durch Beschneiden des Blattes verloren) B.*
65 = 64 *B,* 62 *C,* 65 *J,* 49 k_1, 39 k_2, 60 *l.* – Hie bit er got daz er im
war riv verlih *J,* xv lieder in dem selben done k_1, Item xv lieder aber
in dem selben done k_2.
1 din *l,* die dine *J,* dîn hohen *k.* 2 dine starke *l,* dîn starke *B,* ôch
din starkú *C,* dinen starcken *k.* gotheit *Bk2l.* 3 mine *B.* Sich er-
barme obir myne m. *l.* 4 Des man (mane *kl*) ich dine (dîn *Cl*) er-
barmekeit (erbarmherzekeit *l*) *BCkl.* 5 Div rehtem (rechten *k*)
rivwen *BCk,* Der rechte ruwe *l.* 6 steten rüwen *kl,* rehte rîwe *J.*
gebst *J,* gebes *l.* 7 von schulden] von herzen *B.* S. d. m. v. sch. sy
leit *l.* 8 Das hie *Ckl,* Swaz hie *B.* der] myn *k.* gesundiget *l,* be-
gangen *B.* hat *J.* 9 Daz des iht *BCk.* sel *B.* ein phant *Ck.* Durch
das so ist die sele ein pant *l.* 10 din *l.* hilfe *B.* ab *J.*

66   Got herre, dû weist wol, daz ich bin
        in sünden ein vertiefter man
        und daz mîn sælden vrîer sin
        noch stæte riuwe nie gewan,
5   sît ich mich sünden êrst versan.
        nû bin ich in mîn alter komen
           und ruofe dîne marter an
        und dîne tugent manicvalt,
        daz als dem schâcher mir geschehe,
10   der spæter riuwe nie engalt.

67   Ich bin in den wîngarten brâht
        durch bûwen, houwen unde jeten
        und hân mich leider überdâht,
        daz ich vil vruo wart dar gebeten,
5   daz ich den rât hân übertreten,
        und hât daz alter mit gewalt
           in sînem stricke mich geweten,
        daz ich verslâfen hân die zît.
        dâ von muoz ich ze danke nemen
10   ein lôn, daz mir der meister gît.

---

66 = 63 C, 66 J, 50 k_1, 40 k_2, 61 l. – Hie bigert er daz im gischeh als dem schacher am Crvz J.

1 herr J. 1. 2 G. h. du weist das ich in sunden bin Gar ein virdirbet man l. 2 Von J. vertiefet C, fervallen k. 3 fryen k_2. 4 Nach stedem ruwen l. 5 Synt l. besan l. 7 ruffen din martel l. 8 dogende k. Von miner schulde maincfalt Cl. 9 schecher kl. gischeh J, geschie l. 10 $f. k$. spades l. riv nie J, rúwe niht C, ruwen nicht l. entgalt l.

67 = 64 C, 67 J, 51 k_1, 41 k_2, 62 l. – Hie clagt er daz er sich niht hat bigeben J.

1 wingart k. 2 vnd Ckl. jeten] ilen l. 3 V. han ich mich l. leider erst bedaht C. 4 Do Cl. dar wart l, was dar C. 6 Nv h. Ckl. der alter k. mit] myn l. 7 In sine stricke k, In sinē strik (sinen strich l) mich so Cl. beweden l. 9 danke] dacke l. nem k_2. 10 eynen lonen l. daz]den Ckl.

68 Noch trœstet mich gedinge wol,
daz weiz ich endelîch für wâr:
dienę ich mit triuwen, als ich sol,
an lônę ich deste baz gevar.
5 in wart gelîch gelônet gar,
die vruo ze tagewecke zît
und spâte kâmen werken dar.
ich bin niht guotes lônes wert,
ein teil ich mich verslâfen hân:
10 mîn riuwę iedoch genâden gert.

69 Dû bist genædic unde guot,
miltę und erbarmic, herre got,
dem sünder, ob er sînen muot
von sünden nimt durch dîn gebot.
5 sô starc ist mîner sünden nôt,
ez undervar dîn gotlîch tugent,
diu ie den rehten helfe bôt,
mîn sêle muoz in buoze klagen,
daz mînen lîp mîn muoter ie
10 ze disen nœten hât getragen.

70 Got herre, sît diu kleinen kint
von ir gebürte tages alt

68 = 65 C, 52 k₁, 42 k₂, 63 l. – *Unecht?*
1 Doch tȗt mir der gedinge wol C, Dut mir daz gedynge woil l.
2 Den C, Dan l. endelichen (–liche l) war Cl. 3 Dien k, Buwe C, Buwen l. 4 Ane lon l, Am lon k. 5 En wart gelonet glich gar l.
6. 7 f. l. 6 dagewercker zit k. 7 wircken (–ü– k₂) k. 8 Ich en bin l. 10 riuwe] lon k. edoch C. gnaden kl. begert l.
69 = 66 C, 68 J, 53 k₁, 43 k₂, 64 l. – Hie vergiht er siner svnde J.
1 gnedig kl. vnd Ckl. 2 Milt Jk. erbermig k₁. Milde vnd barmhertziger got l. 3 obe k. 4 nymmet l. 6 gotliche l. 7 Dv́ (Die kl) rehter (rechte l) rúwe ie h. b. Ckl. 8 sel J. bußen l. dagen C.
70 = 67 C, 69 J, 54 k₁, 44 k₂, 65 l. – Hie vleht er aber got vmb sin svnde J.
1 synt l. 2 ire l. gebürt eins tages k.

niht gar von sünden reine sint,
wie wirt ez danne̜ um mich gestalt?
5 des hât dîn barmekeit gewalt.
mîn phant stêt leider ûf den schaden,
  des ich noch nie ein teil vergalt.
hilf, herre̜, ich mac vergelten niht:
dîn milte sol mir stiure geben.
10 der phander grôzer buoze giht.

71 Got, dir sint alliu herzen kunt:
ein winkel nie sô enge wart
von oben unz ûf der erde grunt,
der dîner wîsheit wære̜ verspart.
5 dîn tugende sint sô reiner art,
daz dû den sünder niht vertuost,
  geriuwet in der sünden vart
und hât ze buoze vesten sin.
dû sihst in mînem herzen wol,
10 daz ich in stæter riuwe bin.

72 Die gâbe hâstû mir gegeben,
gip mir noch dîner helfe mê.
lâ mich noch hie als lange leben,

---

4 würt *k.* danne *f. Cl.* vmbe *Cl.* 5 dyne barmhertzekeit *l.* Da
hat din worheit me gewalt (gestalt *k₂*) *k.* 6 stat *Ck.* 7 Daz (Des
k₂) ich ein teyl nie engolt (engalt *k₂*) *k.* 9 Dyne *l.* D. milt div s.
m. stivr g. *J.* 10 pender *l.* buoze] schülde *k.*
   71 = 68 *C,* 70 *J,* 55 *k₁,* 45 *k₂,* 66 *l.* – Wie got weiz alliv taugen *J.*
  1 Got herre d. *l.* ellú *C.* 2 Kein *k.* 3 Von oben abe (an *l*) vnz
(biz *kl*) in (üff *k*) den grunt *Ckl.* 4 wær *J,* si *C,* sie *l,* sige *k.* 5 Dine
kl. tvgend *J.* sô] in *J,* in so *l.* 6 vertuost] vertümst *k.* 7 Berüwet *l.*
sunde *l.* 8 büssen (–u– *l*) *kl.* 9 sihest *J,* bist *l.* in min herzen *J,*
in myme h. *l,* an minem h. *C.* 10 in steten rúwen *Cl.*
   72 = 69 *C,* 71 *J,* 56 *k₁,* 46 *k₂,* 67 *l.* – Hie bitte er got daz er im bŭz
gvnne *J.*
  1 Got die gab hastu *J.* 2 nach *k₁.* 3 Laz *J,* Lais *l.* noch *f. Ckl.*
also (alse *C*) *Ckl.*

daz mir geschehẹ in buoze wê.
5   ze wol ist mir gewesen ê:
ich lie durch dîne vorhte niht,
durch dîne liebẹ alsam, ôwê!
sol ich daz hie gebüezen niht,
die wîlẹ ich in der werlte lebe,
10   wie wê mir danne dort geschiht!

73   Marîâ Magdalênâ was
mit houbetsünden überladen:
von starker riuwe si genas,
man sach si dîne vüeze baden
5   mit zehern vür der sünden schaden.
dem miste Jôb ze teile wart:
in riuwen âzen in die maden.
sant Jôhans wart mit lüppe vergeben.
ir sünden swunden alle von dir:
10   dû gæbẹ in dort ein immerleben.

74   Dîn ungemezzen kraft Jônam

---

4 gischeh *J*, geschee *l*. bußen *l*.   5 gewesen] geschehen *C*.   6 ließ
kl. din *J.* vochte nie *l.*   7 Noch durch (dvr *C*) dine (din *C*) *l. Ck.*
lieb *J.* sam *l.*   8 So ich daz hie mag geb. n. *l.*   9 *und* 10 *vertauscht k.*
9 wil *J.* in] an *C.* disser w. *l.* werlt gileb *J.*   10 dan $k_2l.$

73 = 70 *C*, 72 *J*, 57 k_1, 47 k_2, 68 *l.* – Hie mant er got bi den hiligen *J.*
2 haubt (–eu– *l*) svnden *Jkl.*   3 Von starkem (starkē *C*) rúwen
Ckl.   5 Mit trenen *l*, Mit rehen *C*. der *f. k.* vor ire sunde sch. *l. nach*
svnden *ist* has *getilgt C.*   6 Dem milten Job *J.*   7 *und* 10 *vertauscht l.*
7 *f. statt dessen hier* 9, *dort vor* 10 *eine Flickzeile J.*   8 Sant Jo͞hes *J.*
luppe *J.* Susannen (Suzanne *l*) wart mit (*f. l*) luge (luge *k*, lage *l*)
vergeben (gegeben *l*) *Ckl.*   9 svnde *J.* 9 *steht an Stelle der fehlenden*
Z. 7, *hier dafür ein Flickvers* du hilf vns herre von vnser not *J.*   Die
(Sie *k*) fvnden (wunder *l*) alle helfe (helfen *l*) an dir *Ckl.*   10 gæb *J*,
gebist *l.* im *l.* ein] din *Cl, f. k.*

74 = 71 *C*, 73 *J*, 58 k_1, 48 k_2, 69 *l.* – Hie mant er got bi Jonas vnd
bi den drien kinden *J.*
1 Die vngemessene *l.*

(daz muoz man vür ein wunder wegen)
ûz eines visches wambe nam,
dar innę er was drî tage gelegen.
5 drîn kinden half dîn gotlîch segen,
daz in diu vlamme niht entet.
    ich bin in sünden gar verlegen:
daz riuwet mich und ist mir leit.
dû maht ouch wunder an mir tuon,
10   sô kreftic ist dîn barmekeit.

75   Dîn kraft ist allen kreften vor:
dû niderst, hœhest, swen dû wil.
waz half, daz Nabuchodonosor
gewaltes hetę und rîcheit vil?
5 von hôchvart sich verviel sîn spil,
daz er ze walde wilde lief
    der tagę ein lanc gemezzen zil,
an allen vieren, kleider bar.
vor dînem zorne, den ich hân
10   verdienet, herre, mich bewar.

76   Wie möhtę ich allez daz volsagen,
daz dû ie her gewundert hâst?
ich muoz dir mîne sünde klagen:

3 wammen *kl.* 4 Da inne *C.* drîe *C.* tag *J.* er drie t. was gel. *l.*
5 Drien *J.* der godis segin *l.* 6 der flamme *l.* endet *kl.* 9 Tü *k.*
10 barnhertzekeit *l,* herbarmhertzikeit (herba *ausgestrichen* k_1) *k.*
75 = 72 *C,* 74 *J,* 59 k_1, 49 k_2, 70 *l.* – Hie gert er das in got bewar vor hohfart *J.*
1 Dine cr. *l,* Min cr. k_1, Got din cr. *J.* 2 Dv hôhest niderst *C,*
Du hoest vnde nyderst *l.* wen *l.* wilt *Cl.* Die nydert hohert wen sie wil *k.* 3 Nabüchodonisor k_1. 4 Der gewalt *l.* het *J,* hat *Cl.* 5 hoffart *k,* hoiffart *l.* 6 er] es *C.* waldes *l.* wilde gie *l,* wildes gie *C.*
7 tag *J.* 8 Vff *l.* leider *C.* 9 Von *l.* dyme *l.* zoren *J.* 9. 10 Den dinen zorn den ich verdient Da her han do vor mich bewar *k.*
76 = 75 *J,* 60 k_1, 50 k_2. – Wie gůt div wǎr riwe ist *J.*
1 moht *Jk.* gesagen *k.* 2 ie] biß *k.* 3 min *J.*

der tragę ich alze swæren last.
5 ich wærę in gernę ein vremder gast.
swie gar ich sündenmælic sî,
doch wont in mir der riuwę ein ast:
der ist von dîner maht bekliben.
ich trœste mich, diu riuwę ist guot:
10 daz vindę ich in dem blate geschriben.

77 Ich tuon hie mîne bîhte dir,
als ein sünder sol und muoz:
erzeige dîne helfe mir,
sô daz mir werde sünden buoz,
5 die wîlę ich mac hant oder vuoz
gerüeren. des wil ich dich biten,
maget und muoter, durch den gruoz,
den dir von gote der engel sprach:
ze dînem kinde sprich mîn wort.
10 dîn helfę ie starken kumber brach.

78 Ich hân der werlte mich bewegen
und sol nû als ein sündic man
in riuwen und in buoze leben.

---

4 trag J. swarem k_1. 5 wær J. in] ir k. gern J. fromder Jk.
6 Wie k. sonden enteylt k. 7 wonet in ir k. riv J. 8 beklieben k,
beliben J. 9 riv J. 10 vind J, fant k. an deme k. blat Jk.

77 = 65 B, 73 C, 76 J, 61 k_1, 51 k_2, 71 l. – Hie tv̊t er sin bihte J, Wie
der son bichtet l.

1 Got ich tv̊n J, Iemmer tv̊n B. hie f. J. hie herre myne l. min J.
2 Recht als k. 4 sünden] sorgen J. S. d. ich sunden werden büß l.
5 wil BJ. mag hende oder füß k, mac hant vnde fv̊z J, hant mac
oder füs Cl, hant oder fv̊z mag B. 6 Geregen k. wil] mv̊z J. dich
f. k_1. 7 Magt BJk. vnde J. 8 von got BJ, võ hymmel k_1, f. k_2. Den
von dir gode der sprach l. 9 dyme l. mîn wort f. l. 10 f. l. helf J.

78 = 66 B, 74 C, 77 J, 62 k_1, 52 k_2, 72 l. – Hie vleht er got vmb
hvlde J.

1 Got ich J. begeben Ckl. 3 An r. k_2. riv vnd och in J. bv̊zen B.

wê daz ich ie den muot gewan,
5   der wider dich iht hât getân:
daz riuwet mich und ist mir leit.
nû lâ mich dîne hulde hân
nâch bezzerunge, herre got:
genædiclîchen über mich
10   ergê dîn willẹ und dîn gebot.

79   Sît wir nâch dir gebildet sîn
und ouch sîn kristen und dû Krist,
sô schirmẹ uns vor der helle pîn
und gip uns hie sô lange vrist,
5   daz uns iht vâhe des tiuvels list:
dâ behüete, süezer genannẹ, uns vor,
   wan er uns alze væric ist.
êrẹ an uns dîne goteheit
und dîne hôhe namen drî,
10   die himelẹ und erde sint ze breit.

80   Von herzen in vergeben sî,
die mir ie her getâten leit.
mîn eigenliutẹ ich lâze vrî,
mîn huobengelt smal unde breit,
5   daz man mir bûwetẹ unde sneit
vür eigen, des verzîhẹ ich mich.

---

6 D. r. mich sere vnd *k.*   7 lais *l.* din *J.* gnade *l.* 9 Gnedeclichen *kl*,
Genedekliche *C*, Genĕdeclich *B.* richte obir mich *l.*   10 Er dinen
willen vnd din (vnd in din *k₂*) gebot *k.* Din wille erge ane spot *l.*
79 = 67 *B. – Unecht?*
4 gibe *B.* 8 gotheit *B.* 10 himel *B.*
80 = 75 *C*, 78 *J*, 63 *k₁*, 53 *k₂*, 73 *l. –* Hie vergit er vnd entsæt sich
allez sinez gv̊tes *J.*
2 har *C*, *f. l.* 3 aigen lv̊t *J.* lasse (laß *k*, laßen *l*) ich *Ckl.* 4 hv̊be
gelt *Ck*, heubet gilt *l.* vnd *Ckl.* brei *C.* 5 man *f. l.* buwete vnd *l*,
bvet vnde *J*, büwet vnd *k*, bûte vnd *C.* 6 verzih *J*, enzien *C.*

ich hânz ûf ein spitâl geleit:
ez sol vürbaz der armen sîn.
ich und mîn eingeborner sun
10   zuo in uns wellen ziehen drîn.'

---

7 han ez *k*. eynen *l*.   8 Es fûget der armen sin *C*.   9 eingeborn son
k, eigen geborn son *l*.   10 wullen *l*. vns ziehen wollen dryn *k*.

Darauf folgt: Des vater lere ein ende hat Der mûter lere dar nach
gat *C*, Des helffe vns god Got vnd syne liebe müter Amen *l*.

Winsbeckin

1   Ein wîplîch wîp in zühten sprach
zir tohter, der si schône phlac:
'wol mich, daz ich dich ie gesach!
gehœhet sî der süeze tac,
5   dâ dîn geburt von êrste an lac,
sît ich mit ganzer wârheit wol
   mit wîser volge sprechen mac,
dîn anblic sî eins meien zît.
got sul wir immer gerne loben,
10   der alsô rîche gâbe gît.'

2   'Des volge ich, liebiu muoter, dir,
ich lobe in, sô ich beste kan.
er sol der sinne helfen mir,

---

1 = 1 *BCgk₁*, 3 *J*. 1.1-5 *W*. – Hie ratet ein mٷter irre tohter *J*, Ditz ist der mûter ler *W*, Der getruwen muter lere in der grٷß-wyse dez tugenthaften schrybers Der ton stet 403 (= *Bl.* 728ʳ, *die Melodie steht bei* 1 *k₁*) *k₁*; *in C Bl.* 217ʳ *das zugehörige Bild, dar-über Dú Winsbekin. Ohne Überschrift Bg. In J gehen 2 unechte Str. voraus, vgl. Anhang.*

1 in] mit *BCgk.* 2 Zú ir (ire *g*) *BJWgk.* schon *k.* 3 mir *g.* dich] die *k.* 4 Gelobet *g*, Geheiliget *k.* süeze] werde *g*, liebe *k.* 5 Do *g.* gebvrte *B.* erst *JWgk*, eirst *B.* anl. . . (*Rest ausgerissen*) *W.* 7 volge] lere *Cgk.* 8 ist *Cgk.* eins] des *Cgk*, min *B.* meigen *B*, megen *g.* 9 svln *BCk*, sٷllent *g.* iemer dar vmb loben *g*, drvmbe iemer l. *C*, i. l. drum *k*, i. hohe leben *B.* 10 Der uns so *g.* gabe vns g. *C.*

2 = 2 *BCgk₁*, 4 *J*. 2.7-10 *W*. – Hie antwurt div tohter *J*, Die tohter *k.*

1 volg *J.* 2 lob *J*, loben *k*. Ich wil in loben *g.* so] als *B.* so best ich kan *k.*

daz ich in sehe mit vorhten an:
5 durch sîne tugendę ich in des man.
ich sol nâch sînen hulden leben,
  ob ich mir selber êren gan.
vater und muoter suln diu kint
wol êren, daz hât er geboten:
10 wol in, die des gehôrsam sint!'

3 'Vil liebiu tohter, mir behaget
dîn redę und ouch dîn antwurt wol.
ûf den muot mîn triu mich jaget,
daz ich dirz beste râten sol.
5 ez würde mînes herzen dol,
  ob dîn lop wîplîch unde ganz
    von dînen schulden würde hol.
dâ von uns beide got bewar
und sîner lieben muoter kraft,
10 daz dîn muot immer sô gevar.'

4 'Rât, liebiu muoter, unde sprich,
wie und waz dîn wille sî:
ich hân des gar vereinet mich,
ich wil dir sîn mit volge bî.
5 diu jugent wil vrô sîn unde vrî:

---

4 seh *Jk.* vorhten] ỏgen *Cgk.* 7 selbe *C,* selben *W,* selb *k, j. B.*
der eren *BCgk.* 8 sullen *W,* svn *C,* sỏllent *g.* diu] ir *gk.* 9.10 Eren
vnd iemer leren wol Dѵ in des vil gehorsam sint *C,* Eren vnd leren
wol Die in des g. s. *g,* Eren vnd sie sie lern Die in g. s. *k.*
3 = 5 *J,* 3 *W.* – Hie ratet dĭ mѵter ir tohter *J.*
1 behagt *JW.* 2 red *J.* 3 iagt *JW.* 5 wurd *J.* 6 vnd *JW.*
7 wurden *J.* 8 D. v. bede got vns bewar *W.* 10 *W ausgerissen,*
bloß . . ewa. . am Zeilenende erhalten.
4 = 3 *BCgk₁,* 6 *J.* – Hie ræt div tohter *J.*
1 Nu rat *k,* Sag *J.* lieb *k.* vnd *BCJ.* 2 vnde *k.* 3 Des (Dz *g*)
soltv rehte bewisen (wisen *g*) mih *Cg.* 4 woll *k.* 5 ivgende *B.*
vnd *alle.* wil sin vro v. fri *Cgk.*

48

der beider hân ich mich bewegen.
diu hôchvart velwet êren zwî:
ich wil mîn herze lâzen nider.
swelh wîp nû kumt in swachez wort,
10   müelîch si sich verrihtet wider.'

5   'Trût kint, dû solt sîn hôchgemuot,
dar under doch in zühten leben,
sô wirt dîn lop den besten guot
und stêt dîn rôsenkranz dir eben.
5   den êre gernden soltû geben
ze rehte dînen werden gruoz
und lâz in dînem herzen sweben
scham unde mâze ûf stæten pîn.
schiuz wilder blicke niht ze vil,
10   dâ lôse merker bî dir sîn.'

6   'Scham und mâze sint zwô tugent,
die gebent uns vrouwen hôhen prîs.

---

6 Ir Cg. verwegen Cg, herwegen k. han ich bewegen mich B.   7 Hohvart Cg. vellet J. der eren C. Hoffart vnd eren auch der zwey k.
8 Sich J.   9 Swelh frowe C, Welch fraw k, Ein slehte frouwe g. cvmpt
nv J. nû f. Cg. kvmet B, kunt g. swachz k.   10 Wie mÿlich J. Dÿ
sich des sa v. w. C, Mulich sich dez verslichtet wyder k, Mûgelich ir
daz verrüchet wider g.
5 = 4 BCgk₁, 7 J. 4.6-10 W. – Hie ræt div mÿter J.
2 Vnd d. v. Ck, Vnd do by g. doch f. Cgk. in] mit B.   3 wurt g,
ist B. besten J: werden BCgk.   4 stat BCgk. din cranz von rosen
eben k.   5 eren Jg. gerenden g. Den ergern solt mit zuchten geben k.
6 Zereht J. werden] süzzen W. Mit zúhten dinen senften grûs Cg.
6-8 Laß in din hercze scham vnd maß Hilff aller vnzucht wydersteben
So macht vermyden stete pin k.   7 la CW.   8 vnd BCWg. maz C.
vf rehten sin B. Sch. u. m. min liebes kint g.   9 wilde W.   10 Swa
BC, Wo k. böse m. Wk. Wo loser vnde kleffer sint g.
6 = 5 Cgk₁, 8 J. 5.1-4 W. – Da spricht div tohter J.
1 vnde maß daz s. k.   2 Geben k. Die frouwen gebent h. p. g.

wil si got lieben mîner jugent,
sô gruonet mîner sælden rîs
5 und mac in zühten werden grîs.
bewîse, liebiu muoter, mich
der rede baz (ich bin niht wîs),
wie wilde blicke sîn gestalt,
wie, wâ ich die vermîden sül,
10 daz si mich machen iht ze balt.'

7 'Ez heizent wilde blicke wol,
als ich ze hove bewîset bin,
als ein wîp vür sich sehen sol,
daz ir diu ougen vliegent hin,
5 sam ob si habę unstæten sin,
und âne mâze daz geschiht.
daz ist ir lobę ein ungewin:
die melder merkent unser site.
twinc dîniu ougen deste baz,
10 daz râtę ich, tohter, unde bite.'

8 'Vür wâr dir, muoter, sî gesaget,

3 si] sich *W.* Lat (Let *k*) si got leben (leb *k*) in diner iugent *Cgk*
4 So grûne . . ., *der Rest der Zeile ausgerissen W.* diner *Cgk.* 5 Dv
maht (mach *k*) in eren w. g. *Cgk.* 6 Bewis *J.* Nv rat vil (vil] du *k*)
liebú mŧter min *Cgk.* 7 red *J.* Dar zů so bin ich niht zewis *Cg,*
Solicher ding bin ich nit wys *k.* 8 Waz *gk.* wilder *k.* sint *Cg.*
9 Wie vnd (vnde *k*) wa (wo *gk*) *Cgk.* die] sü *g, ſ. k.* miden *Cgk.*
10 machent *g,* mache *k.* niht *Cgk.*
7 = 6 *Cgk₁,* 9 *J.* – Div mŧter spricht *J.*
2 ze hof *Jk.* gewiset *gk,* –ss– *C.* 3 Wo *k,* Swenne *C,* Wenn *g.*
4 Lat si dú ŏgen fliegen hin *Cg,* Lar sie die auge fliehen hien *k.*
5 Alsam *C,* Als ob *g,* Also *k.* hab *Jk.* 6 gesche *k.* 7 irme *g.* lob *Jk.*
ein] mit *k.* kranc gewin *Cg* kranckĕ gwin *k.* 8 melder] mercker *k.* vnsze
g, vns *k.* sit *J,* gesicht *k.* 9 Zwing *k,* Tewing *J,* Dv twinc *Cg.* din *g,* dú
C. dester *J.* 10 rǎt *Jk.* tohter] kint *k.* vnd *Ck.* bit *J,* bittens dich *k.*
8 = 5 *B,* 7 *Cgk₁,* 10 *J.* – Div tohter *J.*
1 gesagt *J.* Mŧter v́ch (dir *gk*) si fúr war geseit (gesaget *g,* gesagt *k*)
Cgk.

swie kleinę ich habe der jâre zal,
daz mir diu vuore niht behaget,
swelch wîp diu ougen ûf, ze tal,
5 und über treit als einen bal,
dar under ouch gelachet vil:
    diu prîset niht der zühtę ir sal.
ich wænę ouch, daz juncvrouwen muot,
diu âne vorhte wirt erzogen,
10 nâch ir gebærden dicke tuot.'

9 'Sint wîsiu wort den werken bî,
sô ęnsint die sinne niht betrogen:
sint aber si guoter werke vrî,
sô sint diu wîsen wort gelogen.
5 von nestę ein vogel ze vruo gevlogen
der wirt den kinden lîhtę ein spil:
    die vedern werdent im enzogen.
daz mac dir, liebez kint, geschehen,

---

2 Wie *gk*. clein *BJk*. hab *Jk*, han *B*. iorgezal *g*. 3 behagt *J*.
Dú fûre (fraw *k*) mir niemer wol beheit (behaget *g*, behagt *k*) *Cgk*.
4 Welch *gk*. diu] ir *Cg*. vf vnd zetal *Cg*. 5 über] hȯbet *C*. In dem
haubet fv̇rt a. e. b. *J*, Hȯbet vnd t. also e. b. *g*, Her hebet recht a. e. b.
k. 6 ouch] doch *B*. Vnd ȯch (doch *g*) dar vnder lachet (lachent *k*)
vil *Cgk*. 7 Der briset *J*, Div̇ enbv̇wet *B*. div zuht *J*. iren *g*, *f. B*.
Die prysent nit den yren gral *k*. 8 wæn *J*. och *J*, *f. Cgk*. daz einer
j. m. *g*, daz vnfraulich müt *k*. 9 vorht *J*. wurt *g*. 10 iren *g*. Nah
irem sit vil d. t. *J*, Nach irr gebort vil d. t. *k*.
9 = 6 *B*, 8 *Cgk*₁, 11 *J*. – Div mv̇ter *J*.
1 Sint wisiv werch den worten bi *J*. 2 So sint *CJgk*. die] din *Ck*,
dine *g*. 3 Sint sü aber *g*. werck *k*, sinne *J*, *f. g*. 4 diu] siv̇ *B*.
wort] werch *J*. 5 nest *CJk*. ein *f. k*. zù frûge *g*. 6 liht *BJ*. Der
git den andern sich ze spil *Cgk*. 7 in gezogen *J*. Vnd wirt sin federn
ym verzogen *k*, Vnd wirt im (wurt ime *g*) sin gevider erzogen *Cg*.
8 Also *B*. Kint (Min kint *g*) dir mac wol (*f. g*) alsam (also *g*) geschehen *Cg*. 8-10 Sin vssflug der ist nit zu loben Kint dir mag auch also
geschehen Halt du dich in der eren cloben *k*.

hâstû in jugent gar wîsiu wort
10   und lâst dich tump an werken sehen.'

10   'Sint mîniu wort wîs âne werc,
des lobę ich niht: ez ist enwiht.
zwiu solte mir ein guldîn berc,
des ich geniezen möhte niht?
5   ein ouge lieht, daz niht gesiht,
daz zeiget selten guoten wec.
    waz ob diu sælde mir geschiht,
daz ich in beiden ob gelige
und dîner lêre volge sô,
10   daz ich untugenden an gesige?'

11   'Got gebe, daz dir dîn dinc ergê,
als dû hâst willen und gedanc.
waz wil ich danne vreuden mê,
wirt dîn lop niht von schulden kranc?
5   des sagent dir die besten danc.
weistû niht, wie diu süeze maget
    Lûnete nâch lobe mit tugenden ranc?
vil lîhte dir ouch daz geschiht,
ob man dich niht durch vrîen muot
10   ûz wîbes tugenden brechen siht.'

---

9 Hast in der *C.* ivgende *BC.* gar *f. Cg.*   10 tvmbe *J.*
10 = 7 *B,* 10 *Cg,* 12 *J.* – Hie ræt div tohter *J.*
1 wise *Cg.*   2 lob *BCJ.* ein wiht *BCg.*   3 Waz *BCg.* solt *J.*
5 Ein ouge daz do nüt gesiht *g.*   6 zȏuget *g.* gʋ̂te wege *Cg.*   7 Obe
nû d. s. *g.*   8 obe *Cg.* gelig *J.*   9. 10 Vnd dien in so daz ich vntvgen-
den Ze allen ziten an gesige *B.*   10 ane *g.* gesig *J.*
11 = 11 *Cg,* 13 *J.* – Hie wnschet ir div mʋ̂ter tvgend *J.*
1 geb *J.* dir *f. Cg.*   2 Also *g.* willen] mʋ̂t *J.*   3 denne frȏude *g.*
4 Wurt *g.*   6 diu] ein *g.*   7 Lvnet *CJ,* Ie *g.* lob *J.*   8 V. l. ȍch dir
daz heil geschiht *Cg.*   9 Obe *g.* dich *f. J.* niht] nv *Cg.* frigen *g.*
10 Ze *Cg.*

12   'Diu wehselredę ein ende habe:
die sul wir ûf daz rîche geben,
daz deste grœzer sî sîn habe.
und lêre mich nâch êren leben,

5   gebâren unde sprechen eben,
daz ich den wîsen wol behage:
    daz wil ich nimmer übergeben.
tuon ich niht den willen dîn,
sô hâstû dich enbunden wol

10   und muoz ich eine schuldic sîn.'

13   'Wis, liebiu tohter, wolgemuot,
daz doch der zuht die sinne phlegen.
wis stæter site, von herzen guot,
sô hâstû guoter liute segen.

5   mahtû die tugent ûf gewegen,
dir wirt von manegem werden man
    mit wünschen nâhen bî gelegen.
soltû mit sælden werden alt
zuo der schœne, die dû hâst,

10   durch dich verswendet wirt der walt.'

14   'Sol, muoter, mir daz êre sîn,
ob man mîn wünschet ûf ein strô?
es ahtent niht die sinne mîn,

---

12 = 12 *Cg*, 14 *J*. – Si bitte ir mv̈ter daz sis zuht vnd er ler *J*.
1 Din *Cg*. wehselred *J*. hab *J*.   2 svln *C*, süllen *g*.   8 dester *J*.
sîn] din *C*, die *g*. hab *J*.   6 Wie *Cg*. bihag *J*.   8 Dv̈n aber ich *Cg*.
9 entbunden *g*.   10 eine] selber *Cg*.

13 = 8 *B*, 15 *J*. – Hie lert si si zvht vnd er *J*.
1 Vil l. t. *B*.   8 sit *J*. von] des *B*.   5 tvgende *B*.   6 mangem *J*.
7 wnsche *B*. nahe *B*.   9 der] diner *B*.

14 = 9 *BCg*, 16 *J*. – Si giht si welle ir volgen *J*.
1 Sol mir daz moter e. s. *B*. ein ere *J*. Ich wil dar an vnschuldic
sin *Cg*.   2 Hv̈be man min vnstêt (wercke *g*) vf daz stro *Cg*.   8 Dez *J*.

daz im von wârheit sî alsô.

5 ich wil in zühten wesen vrô,
als mînen jâren wol an stât,
mîn lop in êren ziehen hô,
als ie der werden wille was.
ich wil dar an unschuldic sîn,
10 ob man mîn wünschet ûf daz gras.'

15 'Gedanke sint den liuten vrî
und wünschen sam: weistû des niht?
daz mahtû wol verstân dâ bî,
sô man ein wîp ie schœner siht,
5 der man in tugenden êre giht,
der wünschet ir, wirt ims niht mê.
hât er ze minne muotes iht,
ein ieglîch sin des hœhsten gert.
sô man gedenket ofte an dich
10 und wünschet dîn, sô bistû wert.'

16 'Daz ich der werden lop bejage,
dâ wil ich immer jagen nâch.
den swachen ich unwillen trage,
die man untât ie werben sach.
5 ein wîser man hie vore sprach:

---

4 wârheit] hertzen *J*. Ist es von warheit niht also *Cg*. 5 Ich wil (Wil ich *g*) min gemv̈te tragen ho *Cg*. 6 Daz *Cg*. 7 Den *B*. lop] lip *BC*. in] an *g*. ziehen] zieren *g*. hoch *J*, so *g*. 8 Also ie *g*, Daz ie *J*. 10 Ob (Obe *g*) man mir treit darvmbe has *Cg*.

15 = 10 *B*, 17 *J*. – Div mv̈ter giht man ger der tohter mit gedanken *J*.

1 Gedênke *B*. 2 wnsche *B*. des *f*. *B*. 3 wol *f*. *J*. 5 tugenden] zvhten *B*. eren *B*. 6 imez *J*. 7 minnen *B*. 8 iegelich *B*. hœhsten] besten *B*. 9 oft *J*, werde *B*.

16 = 11 *B*, 18 *J*. – Hie ræt div tohter *J*.

1 beiag *J*. 2 Da von wil ich iemer ringen nach *B*. 3 trag *J*. 5 hie vor so spr. *B*.

ze swacher heimlîch wirt man siech,
diu prüevet schande und ungemach.
ein ieglîch man mac wünschen mîn:
swem aber mîn schapel werden sol,
10 der muoz vil wol gevieret sîn.'

17 'Dû sprichest wol, mîn liebez kint:
der süezen rede ich dir wol gan.
wer weiz nû, wâ die stæten sint?
vil missewendic sint die man,
5 si tragent helekäppel an.
ze guoten wîben süeziu wort
diu meiste menge sprechen kan,
doch mêrenthalp niht âne schaden.
versnîdent dich ir käppelsnite,
10 dû muost diu wange ûz ougen baden.'

18 'Waz ahte ich ûf ir käppelîn,
dâ si ir vriunt versnîdent mite?
ich getrû dem stæten herzen mîn:
mich vâhet niht ir wehselsite.
5 mîn stætez herze ich wol erbite,
daz ez mich vride vor ir untât.
ich vürhte niht ir spæhen snite:
die suln mich vinden in der aht,

6 heinliche B. 7 Si B. schand J, schaden B. 8 iegelich B. 9 Dem B.

17 = 13 Cg, 19 J. - Hie lert div mῢter aber ir tohter J.
1 Nu g. 2 red J. 3 stetent C. 4 Wenn m. g. 5 nebel kappen Cg. 6 süsse rede Cg. 7 menege Cg. 8 innerhalb Cg. 9 kæppel snit J, schappel san C, schappel so g. 10 diu] din C, dine g. wang J, wangen g.

18 = 14 Cg, 20 J. - Hie antwrt div tohter J.
1 aht CJ. schappellin C, scheppelin g. 2 fründe triegent Cg. mit J. 3 Ich wil fri vor in allen sin Cg. 4 vahent Cg. wehsel sit J. 5 stete C. hertze wol enbirt J. 6 vrid J, vrîet C, friget g. ir /. Cg. 7 Mich triegent niht Cg. ir wehsel snit J. 8 Si Cg. söllent g.

daz mich iht triegẹ ir lôsiu rede.
10   got gebẹ in allen guote naht.

19   Si sagent, wir wîp haben kurzen muot
und dâ bî alle langez hâr.
dem gelîch vil manegiu leider tuot,
sô si daz sprichwort machet wâr.
5   swiez um der mannẹ unstæte var,
wir wîp wir solten stæter sîn,
    ob ichz in hulden reden getar,
und trüegen in gemeinen haz,
die niht ir zuht an uns bewarnt:
10   si schônten unser deste baz.

20   Ez ist komen her in alten siten
vor manegen jâren unde tagen,
daz man diu wîp sol güetlîch biten
und lieplîch in dem herzen tragen:
5   sô suln si zühticlîch versagen
oder aber sô sinneclîch gewern,
    daz sis her nâch niht enklagen.
diu spæte riuwẹ ist gar enwiht,

---

9 trieg *J*. red *J*. Daz mich verleste niht ir rede *Cg*.   10 geb *J*.
19 = 12 *B*, 15 *Cg*, 21 *J*. – Wie div wip solten stæter sin *J*.
1 wir *f. C*. wibe hant *g*.   2 Da bi doch alle (alle] ein vil *B*) l. h. *BC*.
3 glich *g*. mangiv *J*. leider *f. B*.   5 Swie ez vmbe *B*, Wie *g*.   6 wir]
wol *C*, *f. J*. solten doch *J*. stæter] vester *BC*. So soltent wir wip
doch st. s. *g*.   7 ich es *g*. in] mit *C*. sprechen *B*. tar *g*.   8 trûgent *g*.
9 bewarent *J*, bewarn *g*.   10 Die *B*, Vnd *Cg*. schondent *g*, schoneten
B. dester *J*.
20 = 13 *B*, 16 *Cg*, 22 *J*. – Wie div wip svlen gûtlich versagen *J*.
1 Est komen *C*. her komen *B*. har *g*.   2 vnd *BCg*.   3 wîp *f. B*.
4 V. in dem herzen lieplich t. *B*.   5 svlen *J*, söllent *g*. Si svln so *B*.
6 Ald *C*. sô] ze *J*.   7 süez *g*. her nâch] dar nach *C*, do noch *g*. n. sere
klagen *Cg*. Daz si iht her nach beginnen clagen *B*.   8 gar *f. J*. ein
wiht *BCg*.

56

dâ bî der wandelbæren spot
10   hin nâch, alsô der schade geschiht.'

21   'Dû bist der sinnę ûf rehtem wege:
des vreu ich mich, vil liebez kint.
behalt si wol in dîner phlege,
daz dich diu minnę iht mache blint.
5   vil wîsiu herzę enzündet sint
von ir gewalt, dêst mir wol kunt:
die rede ze beine niht enbint.
wiltû dich ir gewaltes wern,
sô müeze got dînen jungen lîp
10   mit sîner starken kraft ernern.'

22   'Mîn herzę ich selbę erkennen sol:
der minnen kraft ist mir unkunt.
ich sprichez ungerüemet wol,
ich wart nie von ir strâle wunt
5   und lebe noch her der nôt gesunt.
vrou Minne weiz diu herzen wol,
diu si mac twingen an den grunt:
der herzen ich niht einez trage,
daz von der minne meisterschaft

9 Darzŧ *J.*   10 Her nach *J*, Noch demme *g.* als *B*, so *Jg.*
21 = 14 *B*, 17 *Cg*, 23 *J.* – Hie sprichet div mŧter *J.*
1 Nv *C.* weg *J.*   2 frôwe *BCg.*   3 pfleg *J.*   5 wiser *g.* hertz *J,*
herzen *Cg.* enzvndent sich *J*, erkindet s. *C*, erkennet s. *g.*   6 do ist
BCg. mir wol] ir *C*, dir *g.*   7 red *J.* ze beine] zŧ deheime *B*, zû beiden
g.   8 irs *g.* weren *J.*   9 mŧz *J*, mŧz *BCg.*   10 starker crefte *B*, hohen
kraft *Cg.* er neren *J*, nern *B.*
22 = 15 *B*, 18 *Cg*, 24 *J.* – Div tohter giht si hab vesten mŧt *J.*
1 hertz *J.* ich] sich *C.* selb *Jg.*   2 minne *C.*   3 spriche es *Bg.*
4 Ich enwart *B.* iren *g.* stralen *BCg.*   5 leb *J.* her] wol *g, f. B.*
6 Frowe *CJg*, Div *B.* herze *B.*   7 si *f. J.* an] uf *B.* den] ir *J.*   8 eins
B. trag *J.*   9 Da *CJ.* minnen *B.*

10   an sîner werdekeit verzage'.

23   'Ob hundert tûsent herzen kraft
      in einem herzen möhte ligen,
      ir ungemezzeniu meisterschaft
      im kurzlîch möhte an gesigen.
  5   si hât vil starkiu herzę erstigen:
      künec Salomôn, swie wîsę er was,
      ir wart sîn herze niht verzigen.
      wil si dir in dîn herze smiden,
      des mahtû nimmer dich erwern,
 10   dich enwellę aleine got bevriden'.

24   'Dû sprichest, muoter, dem gelîch,
      sam dich ir kraft gerüeret habe.
      swie gar ir maht sî krefte rîch,
      ich kum doch ir gewaltes abe.
  5   ich lâzę ê tragen mich ze grabe,
      ê si mîn herze mit gewalt
          alsam ein spiegelholz ergrabe.
      kumt aber si drîn und sperret zuo,
      genisę ich oder bin ich tôt,
 10   sô sage mir danne, waz ich tuo.'

10 verzag J.

23 = 16 B, 19 Cg, 25 J. – Div mṷter giht div tohter mvg sich niht beh♦ten vor der Minne J.

1 Obe g.   2 mohte J, möhten C, möhtent g. geligen B.   3 vn-gemessen B. Der sṷssen minne meistersch. Cg.   4 Ime g. kvrzelich J. moht J, möhten C, möhtent g. Im mohte vil kvrzelich a. g. B. ane g, ab J.   5 starkú herzen C, starcker hertzen g, cargiv herz J.   6 Kvnc S. J. wie Bg. wis J. der g.   8 dîn] daz Cg. sniden B.   9 Des kanstv n. Cg. er weren J.   10 D. welle C, D. well J, D. welle denn g.

24 = 17 B, 20 Cg, 26 J. – Si giht si welle sich wol behṷten J.

1 demme glich g.   2 Als C. crafte B. hab J.   3 Wie g.   4 kem C, keme g. irs g. ab J.   5 laz Bg, liez J. grab J.   6 gewalte B.   7 sp. holze B, sp. glas J. er grab J.   8 Kom B. sperre B.   9 Genis CJ.   10 Nv B, Daz Cg. sag J, rate B. mir was ich danne (denne g, dan C) t♦ BCg.

25   'Dû gihst, si habe gerüeret mich
hie vor bî mînen jungen tagen.
ob ez sô hât gevüeget sich,
dâ wil ich dir niht vil von sagen.
5 alsô der hunt den hirz wil jagen,
hât er iht wol genozzen vor,
    er mac sich deste wirs entsagen.
swen hôhiu minne twingen gert,
der sol unvuoge lâzen gar
10   und mache sich den werden wert.'

26   'Bin ich dir deste lieber iht,
ob minne twinget mînen sin
und von gewalte daz geschiht?
ich wil niht in dem zwîvel sîn:
5 nû tuo mir dînen willen schîn,
daz dienẹ ich immer umbe dich.
    gevar ich wol, diu êrẹ ist dîn.
ich hân gerihtet mînen muot,
swaz dir an mir gevallet wol,
10   daz mich daz selbe dunket guot.'

27   'Ich wil dir mînen willen sagen,
den soltû rehtẹ alsô verstân:
mahtû ein kiuschez herze tragen,

---

25 = 18 *B*, 21 *Cg*, 27 *J*. – Hie antwrt ir div mˇter *J*.
1 gihest *J*, sprichest *g*. hab *J*. grûret *g*.   4 vil] nv *B*. Da von wil
i. d. n. vil sagen *Cg*.   5 Als *B*, Swenne *C*, Wenn *g*. hirze *B*.   6 gena-
zen *J*.   7 Der *J*. dester *J*. wirs] bas *g*.   8 Swer (Wer *g*) hoher minne
t. g. *Cg*. tewingen *J*.   9 mˇz *B*.   10 machen *BCg*.
26 = 19 *B*, 22 *Cg*, 28 *J*. – Hie fraget si ir mˇter *J*.
1 dir *ſ*. *B*. dester *J*.   2 Obe *g*. tewinget *J*. O. m. gert des herzen
min *B*.   3 gewalt *B*.   6 dien *J*, gediene *C*.   7 Gevare *g*. d. er ist min
J.   9 Waz *g*. an mir] dar an *B*.   10 selbe] alles *BCg*.
27 = 20 *B*, 23 *Cg*, 29 *J*. – Hie antwrt ir div mˇter *J*.
2 reht *CJg*.

des muostû lop und êre hân.

5   ob dir diu minne des niht engan
und wil betwingen mit gewalt
   dich, daz dû minnest einen man,
der sælden ist und êren wert,
der sol doch nâch dem willen mîn
10   von dir belîben ungewert.'

28   'Ich wil dir des mîn triuwe geben,
die kristen ê gesetzet hât,
die wîle̩ ich einen tac sol leben,
ich gebriche nimmer dînen rât.
5   ob mich diu minne niht enlât,
si welle twingen mir den sin
   wirs, danne̩ ir zühten wol an stât,
vil liebiu muoter, sô ger ich,
ob dû die volge sehest an mir,
10   daz dû mit riemen bindest mich.'

29   'Ich wil dîn, tohter, hüeten niht:
dîn stæter muot dîn hüeten muoz.
ob dir von minne kraft geschiht,
daz dir ze walde stêt der vuoz,
5   des schaffe dir dîn stæte buoz.
mac si ir kreften an gesigen,

---

4 Dest m. *C.* haben *B.*   5 Obe *g.* Ob div minne dir *C.* nit gan
BCg.   6 w. dich twingen *g.* Si welle twingen mit gewalte *B.*   7 Das
du m. *g.*

28 = 21 *B,* 24 *Cg,* 30 *J.* – Div tohter giht si behⱴt ir ere *J.*

1 mine *Bg.*   2 ê] ſe *B.*   3 wil *BJ.*   4 briche *Cg.* Zerbriche ich
n. d. r. *B.*   5 Obe *g.* niht] des nit *B.* erlat *BCg.*   6 S. w. mich tw.
mit gewalt *J.*   7 Obz danne *J,* Me denne *g.* ir] den *J, ſ. Cg.* zühte *C.*
an *ſ. B.*   8 gere *g.*   9 Obe *g.* sehst *C.*   10 mit runen midest mich *C.*

29 = 22 *B,* 25 *Cg,* 31 *J.* – Div mⱴter giht div hⱴt si enwiht *J.*

3 Obe daz von *g.* minnencraft *B,* minnen k. *Cg.* beschiht *g.*   4 ze
balde *B.* stat *BCg.*   5 Dc *Cg.* schasse *C.*   6 Mahtⱴ ir *B.* ane *g.*

sô dienestû der werden gruoz.
diu huote prüevet dicke schaden:
swer hüetet anders, dannę er sol,
10 der wil ze hûs unêre laden.

30 Ein reinez wîp in tugenden wert,
diu wol ir êren hüeten kan
und niht wan stæter triuwen gert,
die sol man selbe hüeten lân.
5 man sol die huote heben an
an einem wîbe tumber site,
diu niht ir selber êren gan.
man mac ir einez undersehen,
dâ si ir vrîheit trîbet zuo:
10 daz vürbaz müelîch kan geschehen.

31 Diu huotę ist niht ein swærer pîn,
swâ vriunt wil minnen vriundes rât.
tuot er daz mit dem herzen schîn,
sô daz er solhe missetât
5 verber, diu an sîn êre gât,
sô hât der hüeter guoten muot,
ob im diu volge bî gestât.
sol wîser rât der volgę enbern,
der alsô vriundes hüeten sol,

9 Wer g. denne g, dan BJ. 10 hv̂se Bg.
30 = 23 B, 26 Cg, 32 J. – Wie ein erbær wip ir selber hv̂ten sol J.
1 Din B. reine Cg. tvgende C. 2 ir ere B, in eren g. 3 wan]
dann g. 4 selber g. 5 an] han C. 6 an f. g. sit J. 7 selben C,
selbes g. 8 Man moht ir B, Wan mac ir C, Der mag man g. einez]
ein ding BCg. wol under sehen g, wol ivber sehen B. 9 tribe B.
10 müelîch] niemer Cg.
31 = 24 B, 27 C, 33 J. – Wie du hv̂t si enwiht ane volge J.
1 hv̂t J. swêre B. 2 Da BC. 3 daz] es C. dem f. J. 4 Daz ist
ein solichîv missetat B, So ist daz ein swachú m. C. 5 Fv́r war daz
an s. e. g. B. 8 volg J. 9 frúnde C, frawen J.

10   der zamte lîhter wilde bern.

32 Diu huotẹ ist wîbes êren gram,
    swâ si ûf kranken wân geschiht:
    ir ende guot ich nie vernam.
    betwungen liebẹ ist gar enwiht,
 5 wan si gît hôhes muotes niht.
    diu liebe sol von herzen komen
     und haben mit stæter triuwe phliht
    ûf alle vlust und ûf gewin.
    diu ander liebe sliphic ist
 10 alsam ein îs dâ her dâ hin.

33 Nû lâzen wir die huote varn
    und sprechen von der minne mê.
    mahtû dich vor ir kraft bewarn,
    als dû mir hâst verjehen ê,
 5 swem dannẹ ein schapel schôner stê,
    mîn kint, denne dir daz dîne tuo,
     dâ man die werden schouwen gê,
    daz lâzẹ ich immer âne haz.
    ez mac ein wîp wol schœner sîn:
 10 deheiniu lebet in zühten baz.'

34 'Dû lobest mich, liebiu muoter mîn,

---

10 zamet *J*, zamt *B*. wilden beren *J*, einen bern *C*.
32 = 28 *C*, 34 *J*, 27 *g*. – Wie schad ez si der reiner wib hṻtet *J*.
1 hṻt *J*. 2 Wo *g*. 4 lieb *CJ*, leben *g*. ein wiht *Cg*. 6 lieb *J*.
7 trúwen *Cg*. 8 Vnd a. *J*. verlust *Cg*. 9 sliffig *J*. sint *Cg*.
33 = 25 *B*, 29 *C*, 35 *J*, 28 *g*. – Hie lobt si ir tohter schön vnd ir
zvht *J*.
1 varen *J*. 2 sprechent *g*, sagen *J*. 3 ire *g*, der *B*. bewaren *J*.
4 Also du *g*. 5 Wemm dann *g*. ir sch. *B*. 6 Kint *B*. danne *BC*, dann
g. 7 So m. *B*. werden *f*. *B*. 8 laz *BJ*. 10 Enkeinú *Cg*. lebt *CJ*.
34 = 26 *B*, 30 *C*, 36 *J*, 29 *g*. – Div tohter fraget wa div Minne won *J*.
1 lobst *BJ*.

alsam ir kint ein muoter sol.

ich lige dir in dem herzen dîn

und tuon dir in den ougen wol.

5 mîn triuwẹ ist ouch gen dir niht hol.

dû bist mir lieber danne der lîp:

  der liebẹ ist gar mîn herze vol.

nû sage mir, ob diu Minne lebe

und hie bî uns ûf erde sî

10 oder ob uns in den lüften swebe.'

35 'Ein wîser man Ovîdîus

der tuot uns von ir wunder kunt:

er giht, si sî genant Vênus,

si mache süeziu herzen wunt

5 und nâch ir willen wider gesunt,

diu selben aber wider siech.

  daz ist ir wehsel zaller stunt.

ir willen niht entrinnen mac:

si vert unsihtic als ein Geist

10 si hât niht ruowe naht noch tac.'

36 'Sint alliu herzẹ in ir gebot,

der êren ich ir niht engan.

ez werdent liehtiu ougen rôt,

<hr/>

2 Reht also *g*. ein k. ir m. *J*. 3 lig *J*. 4 tů *g*. den *f*. *B*. ǒge *C*.
5 gegen *Cg*. M. t. ist doch nit gegen dir h. *B*, M. t. gen dir ist auch
niht h. *J*. 6 denn *g*. der] min *Cg*. D. b. m. ane maze liep *B*. 7 lieb
J. 8 sag *J*. obe *g*. leb *J*. 9 hie *f*. *B*. erden *g*. 10 Oder sü ob
g, Ald ob *C*. sweb *J*.

35 = 27 *B*, 31 *C*, 37 *J*, 30 *g*. – Hie antwrt ir div mů̈ter *J*.

2 D. t. v. wunder von ir k. *Cg*, D. t. v. von der minne k. *B*. 3 Er
g. s. heiz vro v. *B*. 4 herze *B*. 5 nâch] mach *J*. irme *g*. Div selben
wider gar *g*. *B*. 6 Den s. *J*. Vnd nach ir willen aber s. *B*. 7 ze
aller st. *BJ*, alle st. *Cg*. 8 Irme *g*. 9 also *g*. 10 en hat n. *C*.

36 = 28 *B*, 32 *C*, 38 *J*, 31 *g*. – Hie ræt div tohter *J*.

1 ě̂lliv́ *B*, ellú *C*. herz *J*, herzen *Cg*. irme *g*. 3 Er *C*.

    suln hôhe gern die nidern man,

5 von den kein êre werden kan,

    und suln die hôhen nider gewern.

    der got sich wunderlîch versan,

    der ir gewalt sô wîten maz:

    die hôhen solten hôhe gern,

10   die nidern nider, daz stüende baz.'

37   'Wie hôch edeliu minne vert!

    diu wirbet sunder wân niht sô:

    sint si an hôhen tugenden wert,

    die si mit zühten vindet vrô,

5 die ziuhet si mit ir sô hô,

    daz si versmæhent swachen muot.

    si lât des niht durch vürsten drô,

    si slieze ein herze inz ander gar,

    diu nâch ir willen ir behagent.

10   der nidern nimt si kleine war.'

38   'Vür wâr, si tæte mir gewalt,

    ob si betwunge mir den sin,

    daz mir mîn herze würde balt

    ûf mîner sælden ungewin

5 und wider mînen muot dâ hin,

    dâ von mîn êre würde kranc,

---

4 Süllent *g*, Sol *B*. hoch *J*. der nider m. *B*. 5 dem *B*. 6 svlen*ʳJ* süllent *g*. gewern] geren *J*, gern *C*. 7 sich *f. B*. Der got der alle witen mas *g*. 8 *f. g*. 9 geren *J*. 10 nideren *BJ*.

37 = 29 *B*, 33 *C*, 39 *J*, 32 *g*. – Wie man die werden geren minnet *J*. 1 Dú hohe edel (hohe edele *g*, edel hohe *B*) minne wert *CBg*. 3 Sit (Wan *C*) si nit wan der herzen (herze *C*) gert *BC*, Wann sü doch nügent der hertzen gert *g*. 4 mit] in *J*. 5 hoh *J*. 6 versmæhet *J*, –a– *B*. swache sit *J*. 8 slies *CJ*. hertz *J*. in daz *Bg*. 9 irme *g*. 10 nideren *B*. clein *B*, keine *C*, kein *J*.

38 = 30 *B*, 34 *C*, 33 *g*.

des ich dâ her erlâzen bin.
wil ir gewalt mich niht verbern,
sô twinge nâch ir êren mich:
10   des muoz ich ûf genâde gern.'

39   'Ich wil dir, liebiu tohter, mê
von werder minne tugende sagen,
wie ez umbẹ ir gelæze stê.
si mac ein herze niht getragen,
5   daz mit untugenden ist beslagen:
dâ ẹnwil si âne zwîvel niht
    benahten inne noch betagen.
ez muoz gereinet innen sîn,
ê daz si ûzen klophe dran:
10   ist im alsô, si sitzet drîn.'

40   'Ich hân gehœret und gesehen,
swie gar der jârẹ ein kint ich sî,
daz etlîch heimlîch ist geschehen,
dâ einhalp was niht êren bî:
5   ir mügent ouch noch geschehen drî.
ist dâ diu minne schuldic an,
    sô sî eht mîner triuwen vrî.
si sol niht lâzen hôhe gern
ein nider herze tugende kranc
10   und hôhe minner nider gewern.'

___

7 noch her *C*, bitz har *g*.   8 verber *B*. Wil es dú minne niht enbern
Cg.   9 S. t. sü n. den e. m. *g*.   10 gnade *B*.
39 = 31 *B*, 35 *C*, 34 *g*.
1 tohter] mv̄ter *C*.   2 V. rehter minne tougen s. *g*.   3 vmb *Cg*. ge-
leise *g*.   5 vntugent *g*. verslagen *Cg*.   6 Da wil *Cg*.   8 innan *g*.
9 vzsenen *B*, vsz wendig *g*. daran *B*.   10 im] es *Cg*.
40 = 32 *B*, 36 *C*, 35 *g*.
2 Wie *g*. ior *g*. S. g. ein kint der iar i. s. *B*.   3 ettelich *g*, *f. B*.
heinlich *BC*. ist] sint *B*.   5 ouch noch] noch wol *g*. gesehen *Bg*.
7 sige *g*. eht *f. g*. Si sol sin m. t. v. *B*.   10 Vnd gern (weren *g*) dē
(dem *g*) hohen nider gewern *Cg*.

41   'Der vürwiz machet kranken muot:

dâ ist diu minne unschuldic an.

swer sînem rehte unrehte tuot,

der êren niht gehüeten kan.

5 ein ieglîch man im selben gan,

der suochet, ob er vinden mac:

    daz ist behendeclîch getân.

der alsô goukelvuore phliget,

dâ ziuhet sich diu minne von,

10   wan si diu herze in tugenden wiget.'

42   'Hât minne sô hôchgelobete site,

als mir dîn munt verjehen hât,

daz ich dâ langer wider strite,

daz wære an mir ein missetât.

5 sît daz ir hof in êren stât,

wolte ich gesinde drinne sîn.

    ist ez dîn wille und ouch dîn rât,

ob si mich in ir schuole neme,

sô lêre mich ir regel sô,

10   daz ez mir wol an êren zeme.'

43   'Dû hâst dich sinneclîch bedâht:

der endekeit ich dir wol gan.

ob dû der rede gevolgen maht

---

41 = 33 *B*, 37 *C*, 36 *g*.

₁ Div *B*. für witze *g*. ₃ Wer *g*. reht *BC*. vnreht *Bg*. ₄ D. e. er n. *g*. ₅ iegelich *Bg*, iegeslich *C*. selber *g*. ₆ Er *Cg*. ₈ govgel fŭr *B*, gŏches fúre *Cg*. pfligt *C*. ₉ sich] sü *g*. ₁₀ So *g*. hertzen *g*. tvgende wigt *C*.

42 = 34 *B*, 38 *C*, 37 *g*.

₁ so gelobete *g*, so gelopte *C*. ₂ So sü din m. *g*. ₃ lange *Cg*. ₄ wer *g*. ₆ Wolt *BC*, So wolte *g*. ich ir g. *Cg*. dar inne *B*, ∫. *Cg*. ₇ Were *C*, Wer *g*. wille] helfe *Cg*. ₁₀ zĕme *B*.

43 = 35 *B*, 39 *C*, 38 *g*.

₂ endekeit] selikeit *Cg*. ₃ Obe *g*. volgen *Cg*.

mit werken, daz ist guot getân.
5 der minne regel ich alle kan:
die wil ich alle lêren dich
und hebę alsô zem êrsten an.
ein wîp, diu lobes und êren sî,
diu nîdę ein ander drumbe niht,
10 diu ouch sî missewende vrî.

44 Diu ander regel uns lêre gît
(nû merke, waz ich welle sagen):
wir suln uns vlîzen alle zît,
daz wir den wîsen wol behagen
5 und vliehen ungemuote zagen,
die wîbes êre gremic sint
und eiter in den zungen tragen,
besnîden sinneclîch diu wort
und grüezen, dâ wir grüezen suln.
10 sich, daz ist wîbes êren hort.

45 Diu dritte regel uns lêret, daz
wir sîn in zühten wolgemuot,
gar âne nît, gar âne haz,
wîplîcher site, wîplîchen guot,
5 dar under tugentlîchen vruot.
sîn wir dem râte stæte bî,
sô decket uns der sælden huot,
daz uns kein weter selwen mac:
mit êren wir ze bette gên
10 und âne sloiger an den tac.'

---

5 minnen *C.* alle] vil wol *Cg.*   7 ze dem eirsten *B.*   8 und] in *B.*
9 darvmbe *B*, dar vmb *g.*
44 = 36 *B.*
6 gramic *B.*
45 = 37 *B.*
4 wiplicher gv̇te *B.*   5 D. v. tvgentlicher eren frv̇t *B.*   8 dehein *B.*

Winsbecken-Parodie

1	3	ich main: so du von bette stast,	*Frg.* 2a^r *W*

1 3 ich main: so du von bette stast,   *Frg.* 2aʳ *W*
       brist ungesegent für die tür;   (1.₃-2.₄)
    5 daz maul *du* spitz alsam ein stür
       oder zerr ez weiten auf,
         darinne mit der zungen stür.
       so sprichet aber dirr und der:
       'wir sullen treten ab dem pfat,
         dort get der narr, der esel her.'

2   Kint, gaistlich leben ist mir unkunt,
       da kan ich dir niht von gesagen.
       ich ler dich luoder und den slunt
       und ungeleiche würfel tragen

       . . . .

3 7   nach ainer plischen plæschen sen   *Frg.* 2aᵛ *W*
       und wizz für war, hastu den sit,   (3.₇-4.₈)
       daz du vil unrehten tot
   10   maht dienen oder lait damit.

4   Kint, du maht noch niht wizzen wol,
       waz trügheit an den weiben leit,
       die ganzer tugent sint so hol:
       ir süezze sauren angel geit.
    5   davon die hochgelobten meit,

1.₄ div.   5 maule. du *f.*   6 witen.   8 dir.   2.₄ vngeliche
3.₇ *unklar.*   4.₂ Wez.   4 git.

und underwint du ainer dich,
von der ain esel du wirst enzeit.
und nim dich loterfuoren an

. . . .

9 7 sich, daz ist auch eselicheu tat. *Frg.* 3a^r *W*
  und mahstu horweg ir gewant,   (9.7-10.5)
  swa si dich danne fürbaz sehent,
 10 ainen andern weg si von dir gant.

10 Kint swer dir biet den becher sein,
  den hab vil lang an deiner hant
  und spreng von munt die spæne drein,
  danach so trink in auf daz bant,
 5 da sich . . . .

. . . .

12 Kint, gewinstu immer ritters namen *Frg.* 3a^v *W*
  so daz der schilt sull sein dein dach, (12.1-9)
  so solt du nimmer dich geschamen
  und volge dem leithuse nach.
 5 ze veld la dir niht wesen gach
  für daz fareis; ich han gesehen,
   waz ainem ritter da geschach:
  ain tjost im seinen schilt entrant.
  da von so wær ich kluog, kint

. . . .

14 5 von veld la dir gach wesen dan *Frg.* 1a^r *W*
  ze dem wein und ze dem met: (14.5-15.2)
   sich, daz ist ritterlich getan.
  enruoch, wie dein gesellen varn.
  in daz leithus solt du fliehen

4.7 werst enzit. 9.8 horwerg. 10.2 diner. 3 võ m. drin.
12.3 dich nimmer. ·9 *stark beschädigt* 14.8 varen.

10   vnd solt da frumen dienest sparn.

15   Kint, nim des gen dir komenden war,
         ob er sich halte schon und eben

         . . . .

16 4 ob du sein immer wærst ermant,   *Frg.* 4 a^r *W*
        5 sich, davon wirst auch du geschant   (16.4-8),
           und baiden, frawen unde man   1.4-10 *P*
              für ainen lügener bekant.
           davon so la dehaine frist,
           so wirt dir dick gesprochen nach: *Frg.* 1 a^v *W*
        10 'wie gar ain huorensun daz ist.'   (16.9-17.6)

17   Kint, ob dein jugent wil klaiden sich,   2 *P*
          daz si dem weisen missehage,
          so sneid unzuht, untugent an dich
          und fliuch, wa man die warheit sage.
        5 lug unde trug ze oren trage,
          und wirr ains hin, daz ander her,
             dem armen ab sein habe nage.
          mein kint, und ainer dinge gewon:
          so du ain urliug hast gepruoft,
       10   daz du zehant da fliehest von.

18   Kint, ez ist ain der beste list: 3 *P*
          fliehen, des ie iht wart gedaht.
          sprich, kumst et hin, wie küen du bist,

15.2 sch. v. eb. *kaum lesbar.*   16.4 werst *PW.*   5 wirstu auch g. *P.*
6 Baideu von frawn *P.* vnd *PW.*   7 lugnar wirstu enkant *P.*   8 laz
du chaine fr. *P.* dheine *W.*   9 oft *P.* 10 der ist *P.* 17.1 Sun *P.* iungt
P.   2 den *P.* misse hag *P.*   3 vntugent vnzucht *P.*   4 sag *PW.*
5 vnd auch tr. *P.* orn trag *P.*   6 Vñ . . . . . . ai . . hin d. a. h. *W.*
7 nag *P.*   8 ding *P.* 18.1 einer der *P.*   3 Kumst du ot hin (sprich
f.) *P.*

und liug vil vast von der manslaht,
5 wie iener da und dieser vaht;
gich, du habst vier ze tode geslagen,
    damit du brastest in die *maht*.
mit diesem lobe wirstu frum   *Frg.* 4 a^v *W*
und ist auch verre wæger dir   (18.8-19.2)
10   denn in dem gebel ain swertes drum.

19   Kint, du solt niemant niht vertragen   4 *P*
swer dir biete werc oder wort.
du wirst auch dester schierre erslagen.
der sit han ich her wol bekort,
5 ez ist aller affen ain hort.

    . . . .

    und wie mein haube ist durchbort,
darunder ich mich dicke wert,
und muoz halt immer wundern mich,
    wie mich der tiufel habe ernert.

20   Kint, wa die liut gesamen sich   5 *P*
durch ir geschäft an ainen rat,
da soltu auch niht schamen dich:
darzuo ge ungebeten drat.
5 enruoch, ob ez dir übel stat;
ez ist auch manigem e geschehen,
    der noch des schande und laster hat.
und bis auch unverswigen gar:
waz man dir haimlichen sage,
10   daz soltu sagen offenbar.

18.5 W. i. vnd diser do v. *P*.   6 zetod *P*.   7 maht] not *P*.   8 lob
so w. *P*.   9 Vnd auch uil verrer wager dir *P*.   19.1 nichcz *P*.   2 Wer
P. piet werich *P*.   3 schier *P*.   6 *f. P, dafür nach* 10 *ein Füllvers.*
7 haubet *P. nach* 10 Daz ist von gluke sicherleich *P*.   20.1 wo.
lawt.   3 nicht auch.   6 manigē.   7 schant.   9 sag.

21   Kint, ob villeicht verdriuzet dich,   6 *P*
mit eren lange hie ze leben,
bei meinen triuwen so rat ich,
daz dir darzuo wol füeget eben:
5 du solt urlaub der zungen geben
ze sprechen, waz ir wille sei,
    dich well sein got denn überheben.
wiltu in deinen jungen tagen
dich fleizen bœser worte vil.

. . . .

38 5 nimmer muoz ez dir gezemen,   *Frg.* 1 b^r *W*
daz du mich an den vreuden wilt,   (38.5-39.1)
    die ich han her gehabet, lemen.
daz muoz ich also lazen ligen.
kumst aber du aus meiner pflege:
10   mein würfel sint dir alle verzigen.

40 4 da man die becher læren sol,   *Frg.* 4 b^r *W*
5 da werd wir trunken unde vol   (40.4-8)
und mag auch uns ain fotzebrem
    dawider varen harte wol.
des wir gedenken immer megen,
die weil und dise welte stet   *Frg.* 1 b^v *W*
10   baide von stichen und von slegen.   (40.9-10)

Kontrafaktur von Str. 22 des Winsbecken

Wip, wiltu cleiden din iugent,   7 *K*
das sû ze gote mitte eren ge:
snit an dich zuht und rehte tugent,

21.10 *f. P.*   **38.**7 gehabt.   9 Chumpst. *nach* mei *nicht sicher lesbar.*
auf Str. 38 *folgt –* schlecht lesbar *–* 39.1 Sû (?), ich rat dir nieman . . s (?).
40.5 vnd. 6 fetzeprem. 8 mügen.
Kontrafaktur: Vgl. Parodie 17.

ich weis niht, was dir bas anste.
5   wiltu si tragen in rehter e,
su machent dich gegen gote wert
   und gent dir dannoch selden me:
in himile aller freiden segen.
der ist ein so genemer hort,
10   in mohte die welt niht widerwegen.

Anhang

Unechte und zweifelhafte Strophen

1. Winsbecke

Sûn, ritter ist ein werder nam   18 *g*
und türet vor den frouwen wol.   (*nach Str.* 19)
Wer in treit mit rehter scham,
Des lop man schone sprechen sol.
5 Uff sinem helme zymet wol
Ein krantz von reines wibes hant,
    Do von er mag wol wesen tol.
Uff der bane har und dar,
Wo er mit rehter küre vert,
10   Do nympt man sin mit flisse war.

Sûn, der manne selikeit   27 *g*
Für wor an reinen wiben lit.   (*nach Str.* 8)
Ir lop ist in der welte breit,
Ir gûte manige frôude git.
5 Ir krone ist hoch on allen strit:
Der soltu nemen rehte war,
    Waz edeler steine do inne lit
Mit tügenden wol gesencket in.
Ire würdikeit bis iemer fro,
10   So got din leben mit selden hin.

Sûn, du solt got vor ougen han,   46 *g*
Daz waz ie der wisen rot.   (*nach Str.* 43)
Und wisse, wilt du sin niht lon,
Daz er ouch niemer dich verlot.
5 Hûte dich vor grosser missetat.
Wie daz die schelcke richezent hie,
So soltu wissen wol für wor
    Das got den sinen nie verlie.

Nu sag an, mynn, ich frage dich: 10 k_2
wie stat din hilff vnd din gewalt?   (*nach Str.* 63)
Sie sint verdorben, duncket mich,
und sint auch nit alz ee gestalt.
5 Sie jehent, du seist ein teil zu bald.
Nu scham dich durch die reine wyp,
    daz unverswendet stet der walt.
Din schappel dir uneben stat.
daz hat gemacht ein nuwer walt:
10   daz gut weyß got nu vor uch gat.

2. Winsbeckin

Wir frawen wolten, moht ez sin,   1 *J*
der von dem lib wær gût,   (*vor Str.* 1)
Daz er den offenbæren schin
mit tugenden liezze wol behût.
5 Swi wol erz under dem helme tût,
er hat uns frawen niht gewert,
    ern hab da bi doch hubschen mût.
Wir frawen loben deheines tat,
der uzzen lehen kæppelin
10 und heim gezogen schande hat.

---

46 *g*: 6.7 *fehlt*.
1 *J*: Ditz bûch sæt nv von der frawen werdikeit.

Wir frawen haben nu meister me,   *2 J*
denne uns diu mǎzze schuldik si.   (*vor Str.* 1)
Ir besem zoh die besten e:
nu ist uns manges besem bi.
5 Der selb ist aller zuhte fri.
    mih mǔt, der niht gemezzen can
      mit rehter fůge fůzze dri.
Daz der den frawen mezsen wil
nach cranker ler ir luter leben:
    der meisterschaft ist garzevil.

---

2 *J* : Wie die frawen habent vnzæm meisterschaft.

Tirol und Fridebrant

1. Das Rätselgedicht

1 'Got hât wunder manicvalt:
   Dâniêl zeictẹ er einen walt.
   der dûhtẹ in volle lobesan,
   dar inne zwêne boume stân:
5 den tolden man der hœhe jach,
   daz man sị in den landen
      ob allen boumen verre sach.

2 Als man die morgenzît vernam,
   ein balsemsmac an si bekam
   mit lüften, daz er lîse gie.
   ietweder boum den smac emphie:
5 der eine wart grüenẹ unde breit,
   der ander vûl und dürre gar.
      wie was der smac an si geleit?

3 Der grüenẹ und der dâ dürre stât,
   ieglîcher boum ein vogelîn hât.
   sust ist der ander walt überal,
   ieglîchz rîs vol der vogelîn schal:
5 von dem smacke nement si die kraft.
   der dürre boum und ouch sîn vogel
      iemer mit jâmer sint behaft.

C Bl. 8ʳ–9ᵛ. *Bl.* 8ʳ *Bild mit Überschrift* Kúnig Tyro von Schotten
vnd fridebrant sin sun. *Bl.* 8ᵛᵃ *kleine Vorschrift* Der kѵnig von
Schotten.
1.2 zeigt. 3 dvrcht. 6 mans. 2.5 grûn vnd. 3.2 Ieglichs. 2.4 voglin.

4   Dâniêl uns daz besinnet hât,
       wiez umb die zwêne boume stât.
       dô sprach des wîsen mannes munt:
       walt und vogelîn werdent kunt.
  5   râtestû daz, Vridebrant,
       von leien herzen, lieber sun,
         sôst wol mîn lêrẹ an dich bewant.'

5   Dô sprach der junge künic wîs:
       'herre, gent ir mir den prîs,
       den grüenen boum wil ich iu sagen:
       der muoz von schulden vreude tragen.
  5   dast ein priester, der emphât
       got als wirdeclîche,
         daz er ân houbetsünde stât.

6   Ir machet mir die varwe rôt,
       swennẹ ich daz himelische brôt
       gelîche zuo des balsmen zil:
       dêst mir leien alze vil.
  5   swenne der priester messe tuot,
       diu gotes genâde kumt balsmen gelîch
       und wirt daz brôt vleisch unde bluot.

7   Welt ir *wizzen,* wiez umb den dürren stât?
       der valsche priester niht enlât,
       den süezen got er ouch emphât.
       der tumber tôr sich selben hât,
  5   Jûdas und er hânt glîchen pîn.
       der valsche priester dast der boum,
       sîn sêle dast ein vogelîn.

---

5 *Überschrift* kv́nig vridebrant.   6 wirdeklich.   7 ane hŏbt sv́nde.
6.2 himelsche.   7 vnd.   7.1 wizzen *f.* (*vgl.* 20.1).   8 enpfecht.
4 hecht.   5 gelichen.   7 sel.

8
Diu kristenheit daz ist der walt,
ir sêle zen vogelen sî gezalt.
swâ die bî valschem priester stân
und doch ze gote glouben hân,
5 daz er sich birget in ein brôt,
ir vogel von schulden singen muoz:
   ir sêle vermîdet helle nôt.

9
Ir leien, vrouwen, swâ ir stât
und ouch ze gote gelouben hât,
der valsche priester schat iu niht,
swie vil man schanden von im giht.
5 er tritet selbe in jappesstift,
swenne er den süezen got emphât:
   er slindet vipernâtern gift.

10
Swelh priester aber got schône emphât,
mit sînen pharreliuten gât,
der ist dâ ze himelrîch:
dem selben dem ist niht gelîch.
5 si singent alle: wol uns dîn,
daz dû uns hâst alsô bewart,
   daz wir vermîden helle pîn.

11
Swenne ich die krône ûfe hân,
die priester solden vor mir gân:
die wirde hât in got gegeben.
nû swachent si ir selbes leben
5 mit gîte und mit unrehtem site,
verbietent siz den leien gar
   und vüllent si sich selber mite.

8.6 mîzen.   9.7 vippen natern.   10.1 schon.   11.2 soldent.   5 gite-
keit (*vgl.* 44.6).

12   Diz tuont aber alle priester niht:
swâ man der einen reinen siht,
des stimme künt uns gotes wort,
erst ein ganzer himelhort,
5 er ist tamme vür sünden sê.'
'nû lôn dir got, vil lieber sun:
ist dir daz kunt, sô weist ouch mê.'

13   Rœmisch bâbest hôchgenant,
der edel künic Vridebrant
leit iu disiu bîspel vür.
und rœmisch vogt von vürsten kür,
5 swaz krumbe stebẹ ûf erden treit,
und allen, die man blaten scher,
den sî diz bîspel vor geseit.

14   'Dâniêl wunders mêr geschach:
eine starke mülẹ er sach,
diu lac an einem wâge tief.
der under stein vastẹ umbe lief,
5 der ober kunde stille ligen.
wiez umbe die müle sî getân,
daz wærẹ mir schedelîch verswigen.

15   Daz rat, daz an der müle gât,
zwô und sibenzic kamben ez hât:
die sint von alsô maniger par.
eines wirt man dâ gewar,
5 der ist von lignum âlôê:
nie reiner holz ûf erde wart.
weistû, wiez umb die müle stê?

13.1.4 Rômsch. 2 D' ê d' k. 3 dis. 14 *Überschrift* Der kv́nig
Tyrol. 2 mv́len. 3 tiefe. 4 vmb. 7 D' wer. 15.7 ... dv (*das
Wort davor verwischt*).

16   Der selben müle phlac ein man,
der nie vleisch noch bein gewan.
der hetẹ ein kint: daz wart enein,
daz ez den undern mülstein
5 druhte, daz er stille lac.
von einem kleinen wezzerlîn
der ober grôzer snelle phlac.

17   Daz kint daz hâte knappen zart.
dô der ober stein kam an die vart,
ez sprach: ir sult iuch des bewegen,
daz ir des steines künnet phlegen.
5 ob der under welle streben,
den drücket, als ich hân getân:
ich wil iu lôn dar umbe geben.'

18   'Herrẹ, ir habt wunderlîchen muot,
daz ir gegen mir die vrâge tuot.
von ritterschefte wistẹ ich baz,
wâ jener gelac, wâ der gesaz,
5 wâ sich die spænẹ ûz helme kluben
von swerten über die schilte,
dar under sich die recken smugen.

19   Êdoch welt ir sîn niht enbern,
sô wil ich iuch der müle wern.
der under stein ist diu altẹ ê:
diu kumt vürbaz niemer mê,
5 die hât der megde sun verdrucket.
der ober stein daz ist der touf,
dâ mit diu niuwẹ ist ûf gezucket.

_____

16.3 het.   4 . . . stein (_das Wort davor verwischt_).   17.4 kvnnēt.
18 _Überschrift_ Der kúnig vridebrant. 5 kluben] klungen. 7 smugen]
swungen.

20   Welt ir wizzen, wiez umb die kamben stât?
zwô und sibenzic sprâche diu werlt hât:
der einen der man dâ wirt gewar,
diu dâ ist von sô süezer par,
5 daz ist diu magt von Jesse erborn,
die got, al der werlte herre,
zeiner muoter hât erkorn.

21   Die knappen, die der müle phlegen,
daz sint die priester, die den segen
habent über des toufes zil,
wære iu der rede niht ze vil.
5 got gap den phaffen ûf ir eit,
daz *sî* ungelouben druhten
und ûfeten die kristenheit.

22   Welt ir dan wizzen umb den man,
der nie vleisch noch bein gewan?
des kint truoc einer megde lîp:
die juden jâhen, si wære ein wîp.
5 Dâniêl mit beiden handen swuor,
daz si mit dem gelouben varn,
als Adâm umb den aphel vuor.

23   Si habent dannoch pîne vil:
got durch uns niht mê sterben wil.
von sînem tôde wart uns zorn.
er sprach: *swer* iemer wirt geborn,
5 dem sî benant des toufes zil
und volge, den man blate scher:
durch iuch ich niht mê sterben wil.

24   Wan dô got von dirre werlte schiet,

er bevalh uns einer tiuren diet.
priester nenne ich *si* iu mit namen:
kein künic sich niemer darf geschamen,
5 daz er daz edel houbet sîn
mit krône gegen im neiget.
des gibe ich iu die triuwe mîn.'

2. Das Lehrgedicht

25 [Ir herren, iu tuot diz buoch erkant,
wie der künic Tîrol ûz der Schotten lant
sînem sun Vridebrande riet
die weltlîchen lêre:
5   daz kint von missewende er schiet.

26 Er sprach:] 'dû solt wizzen, liebez kint
(dâ gegen ist elliu lêre blint),
dîn liute soltû willic hân.
sich selber, wie mirz sî ergân:
5 ich truoc ie gelîch mit in enein,
des volget mir von strîte
vil manic helt gevangen hein.

27 Dû solt ouch wizzen, waz dich gezeme:
swaz schaden in dînem dienste neme,
daz dû den wider rihtest snel.
hie umbe wâgent si ir vel.
5 wirt man der tugent an dir gewar,
dû gesigest gegen breiter menge,
gegen vîenden mit kleiner schar.

28 Sun, wilt dich aber selbe smæhen,

24.3 si *f.* 7 gib. 25 *Überschrift* Der kúnig tyrol leret sinen svn.
1 dis. 26.4 mir es.

    sô soltû den ungerne sehen,
    der durch dich sî in kumber komen
    und schaden hât bî dir genommen.
5 volgestû dem selben site,
    got tuot ein michel wunder,
      teilt er dir sîn helfe mite.

29   Sun, turnei machet rische diet:
    dâ von wil ich dir râten niet.
    turnieren wirdet mannes lîp:
    durch wirde lobent si diu wîp.
5 turnieren daz ist ritterlîch:
    sô hœrt zuo strîte dringen
      und veste halten herteclîch.

30   Lâstû dîn golt behalden tragen,
    swenne dîne liute kumber klagen,
    dast ein swacher küniges vunt.
    swelh vürste daz tuot, dem ist niht kunt,
5 wie tûsentvalt siz widerwegen,
    dâ hurt gegen hurte dringet
      und swert ûf helme klingens phlegen.

31   Sun, dû solt dîn êlîch wîp
    haben liep alsam dîn selbes lîp:
    dast ob allen tugenden bunt.
    die rehten ê tet uns got kunt.
5 vil junger künic, dast mîn rât:
    behaltestû die lêre mîn,
      dû belîbest âne missetât.

32   Sun, dîner werden manne wîp
    und ir schœnen tohter lîp:

30.5 wider wegent.

nû hüete, daz dir iht under brust
in dîn herze kom der glust,
5 dâ mit dû dînen werden man
an êren mügest geswachen.
   niht baz ich dir gerâten kan.

33   Wan êst alles leides gar ein mort
und wundet beide hie und dort:
dir tragent zwei geslehte haz.
daz ander soltû merken baz:
5 ob es muoz dîn êlîch wîp
durch zuht, durch vorhte swîgen,
   si denket doch: dû valscher lîp!

34   Wan si tuot als daz kindelîn:
swanne daz verdecket diu ougen sîn,
sô wænt ez, daz ez nieman sehe.
verdahter valsch lât sich wol spehen.
5 dâ vor soltû dich bewarn:
sô vüerstû helde willic
   mit dir gegen der vîende scharn.

35   Nû hœre, künic, und merke mich:
ez stôzent künige lant an dich,
die habent sich gen dir gesterket.
hâstû die lêre mîn gemerket,
5 enprîs dich in (daz ist mîn rât),
daz si sich müezen gelimphen
   als ein wolf, der vor dem löwen stât.

36   Nû hœre, künic, und merke ez baz:
tragent dîn liute einander haz,
müge dâ der minne niht gesîn,

32.8 bruste.   4 glvste.   34.8 wêint es. sehen.   7 vient.

sô stant dem rehten balde bî.

5 sî wænent, des dû dich maht schemen,
ob dûz niht underrihtest,
daz dich *ir* beider schade gezeme.

37 Hœrstûz, junger künic vrî?
stêstû dem rîchen edelen bî,
daz er dem armen tuot gewalt,
dîn missetât ist manicvalt.

5 dâ mit verdienstû gotes zorn
und spotent dîn die rîchen
und hâst der armen gunst verlorn.

38 Nû hœre, künic, ich sage dir mê,
waz allen herren missestê.
swanne dir der gernde kumber klaget,
wirt im dîn helfe danne versaget,

5 ein trahen von sînem herzen gât:
diu *schult* klebt an der stirne dîn,
swenne got an sîme gerihte stât.

39 Dû solt ouch wizzen sunder list:
wer sîner sêle vîent ist,
des wort mit sîden sint bedræt
dar inne, dâ mit diu vrouwe næt.

5 diu krümben sich nâch angels siten.
diu sünde ist sô, daz gotes muoter
niemer getar dâ vür gebiten.

40 Ouch lâ dîn zungen stille ligen:
ein geheizen wære baz verswigen.
dem kumberhaften daz gezimt,

36.4 dē   7 Daz sich beider rehtē. sch. g.   37.2 dē richē edelē.   3 dē
armē.   38.5 trahen] trahtu.   6 schult *f*.   39.5 krúmbet.   40.2 wer.
3 Dē.

daz er zen juden drûf iht nimt.

5 wirt im dîn helfe danne verspart,
sîn schulde̜ an dîner stirne klebt,
sô e̜nhâstû tugende niht bewart.

41 Wan liegen ist ein ange̜stlîch hort:
lüge machet manic mort.
lüge swachet werdiu wîp,
daz ir herze̜ und ouch ir lîp
5 vil dicke jâmers wirt ermant.
ein tiuvel der hiez Oggewedel,
der ie die êrsten lüge vant.

42 Ich weiz ein lüge, die er sprach,
die got vil zornlîchen rach,
swer rehte wisse̜ ir argen site,
daz man wol stahel lupte mite.
5 Flegetanîse was si kunt:
der kunde lüppen mit diu sper,
dâ mit wart Amfortas siechwunt.

43 Swer strâfet vriunt vor liuten vil
und sich dâ mit beschœnen wil,
diu strâfe̜ ist vipernâtern gift
und snîdet als daz jappestift.
5 ist aber diu scham an in geborn,
sun, haldestû des strâfen vil,
den vriunt hâst iemer mê verlorn.

44 Zuhtmeister, nim dîns herren war,
daz er mit rehten siten var,

---

4 niht. 6 stirnen. 7 Son hast dv. 41.2.3 Lúgen. 3 swachet]
machet. 42.5 Flenetnise. 7 Damt wart amphartys sich wunt.
44.1 dîns] dis. 2 rehtē sittē.

mit hulden reine habe bejage.
sîn spîsẹ er niht ze winkel trage,
5 vor trunkenheit er sich bewar,
daz er die gîte lâze,
   sô kan er werdeclîche varn.

45 Sun, ich wil dir sagen mê:
swenne der gernde vür dich gê
und dir sînen kumber klage,
den kumber dû lieplich mit im trage.
5 niht envelsche gotes wort:
got schreip die selben erbermde
   vür sînen hœhsten himelhort.'

3. Die epischen Fragmente

A.

1 'Sun, dînes hôhen prîses guft
ûf erden und in maniger luft
sô wünniclîche kan gevarn:
dû bist der tugent ein adelarn.
5 ein berc ze Marroch mir ein wint
dâ kegen ze nemene wære,
   vür daz die risen vangen sint.'

2 Nû hete diu künigîn kunt getân
den vürsten, die ir rîcheit hân
emphangen von des küniges hant
beidẹ über wâc und über lant,
5 sie suln âne harnasch var
durch kurzewîle zirme spil:
   sus quâmen sịẹ algemeine dar.

---

3 holdē reinē. bejage] iage.   45.2 Swenne er gerne f. d. g.
A. 1.3 wnnichlich.   7 sint G] sin.   2.3 vntfangen.

3   Diu boteschaft wart sô vernomen,
            daz islîch herre solde komen
            mit allen sînen vrouwen wert:
            des habe diu künigîn gegert.
5   des sach man überz gevilde varn
            sô vil der werden ritterschaft
              und wol gezierter vrouwen scharn.

4   D- - nd- - cht ... a .. den- - [man] vnde wip- -
lip sie ensuochte- - baz ir hochgelob[te]- - gruzeten
sie gar- -
5   Sus zoch de- - zwe elpha[ntier]- - [w]at von
nuwen sn[iten]- - da mit heiz sie in- - solden zwene
risen [tragen]- - vnde velsianen- - hortich sagen. - -
6   Die kunîgin- - [ver]meit vur- - ir reit d . sprach- -
ten siten vch let- - hochgelobten uw- - ritet zv. ir in
de st[at]- - bracht zwei tirol- -

B.

1   - -zir...l ge lac - -s. .ucht uor - -der gar sol
- -g.....lt daz der - -marscalk sult ir - -ht daz min
urowe wil.
2   - -[marsca]lk zu dem - -[s]prach ich wene mir
- -ich entet der kuni[ngin] - -lt daz vmbe reit ist - -n
ist noch uullen= - -h sach v beiden snitē - -er riche
wat.
3   - -bat er bliben hie - -[miss]ewende nie be gie de
- -nicht ge zeme daz - -n . e deme ich - -er wort sus
qvā - -alde wider de risen h=
4   - -[qv]amen an daz zil daz

5 2 . . . . hurte quam:

3.₂ kumen. ₇ gezierter *G*] geziter. - *Ergänzungen:* 4.₁ *M.* ₂ *L.*
5.₁ *L.* ₂.₃ *M.* ₄ *B.* 6.₁.₂. *L.*
  B. *Ergänzungen:* 2.₁.₂.₃ *M.* 3.₁ *B.* 4.₁ *L.* -

diu künigîn siz geheizen hât.
ein vürste der hiez Galferât,
5 der quam mit schalle, sô man saget,
daz beide gast und ouch der wirt
und al diu stat von dône waget.

6 Dâ was von vrömden landen niet
... ste alse fe ... schiet,
ouch die landes her[ren und ir] wîp.
man sach dâ manigen klâren lîp
5 an vrouwen, die ouch munde tragen
bremzelîch unde rôsenvar:
man möhte viur hân drûz geslagen.

7 Nû sint die hœhsten komen gar.
ze hove man wirt vil schiere war,
daz man die komenden schône emphienc.
manic vrouwe dort gezi[ere]t gienc,
5 gît got den engeln solhiu kleit
in sîme himelrîche,
sô hât er[z] werdiclîchen ûf geleit.

8 Nû wart ouch Megram besant

C.

1 4 nû stuont daz hôchgevertige wîp,
5 wan in wart allen kumbers buoz.
diu tinnekleider tiure´
gênt ir slîchen ûf den vuoz.

2 Nû sint der küniginne bî

5.3 siez. hât G] hant. 4 heiz. 5 sait. 6 wert. 7 wait.
6.1 vrömden] uomden. ?iet. 2 schiet M] scheit. 3 *erg. von B.*
7.2 hobe. 3 kvmende. 4 *erg. von G.* 5 Gift. 7 *erg. von L.*
C. 1.5 Wen. buoz B] gebuz. 2.1 kunigīnē.

zwelf herren unde grêven vrî:
die hiez si zwelf vanen dar tragen.
ob ichz iu rehte kan gesagen,
5 die wâren silberwîz gevar,
daz serpant dran von golde.
    die truoc man nû der vrouwen dar.

3 Diu künigîn Baldewînen nam
bî der hant, als wol hôchvart sich gezam:
si vuortę in vür die künige sân.
si sprach: 'den ich hie bî handen hân,
5 der wil iu dienstes wesen bî,
unde lîhet im, künige rîche,
    mit vanen daz lant ze Gl . . . rî.'

4 Der künic Tîrol und Vrid[ebra]nt
die vanen nâmen an die hant

5   geschemen– – nen da sie e– –
6   Vil pres[ant]– – irist– – rosse vnde sch– – ge
baldewin– – len komen– – wart da be h– –
7   Hort we– – pellel– – daz solden r– – de viures
v[unken]– – hitzen gl[ast]– – den gap– –
8   Nv het– – leit a– – den elphen[tieren]– – de han
sich– – . .ge reit r– –

D.

1   – –liute – –sin – –ch vur wndē – –nde ouch sins
– –nen vnde w'de – –kumber da – –en gar ane
2   – –umbe den vur[sten] – –[G]amuret der – –n dort

2.3 heiz.   4 ich iz v.   7 dar *Wi*] gar.   3.1 kvniginne baldewine.
2 als wol h. sich g. *R,* als wol h. g. *B,* als h. g. *L*] als wol sich h. g.
3 künige *G*] kvningin.   5 d . . nistes w.sen.   6 Vnde *G*]vilde.   7 va-
nen *G*] vanenen. – *Ergänzungen:*   6.1 *L.* wart da beh[anden ouch ge-
nomen] *B.*   7.1.2 *M.*   8.1 *M.*
D. *Ergänzungen:* 2.1 *M.*   2 *G.*

uor kā - –ure weiz swē - –vre man in - –n in des
w'dē

3   - –e vort daz - –ort ab saz - –be vil da zw - –[ke]gen
im sin - –ane dem ge - –haben g . .

4   . . . . quam
und wie man klage von im vernam,
daz maniger mit im muoste klagen.
er sprach: 'verhouwen und erslagen
5 sint mir wol zahzic mîner man.
daz klagẹ *ich* niht von liuten,
     wan ez hât der tiuvel mir getân.'

5   Der künic Tîrol vrâgetẹ in mê,
er sprach: 'herrẹ, ez quâmen über den sê
zwêne man, die sint halpliuten gelîch.
ir wâpen sint unmâzen rîch,
5 mit in ein merwunder vert.
sie ẹngerten neins geleites:
     dâ von wart laster mir beschert.

6   Ir ros diu sint unmâzen starc.
swie sêre sich einer vor mir barc,
einhalp der nasen ist er blanc
und anderhalp *swarz,* daz hâr sô lanc
5 rehtẹ als [einem wild]en bern.
bequam er ie von liuten,
     des mac ich iuch niht wol gewern.'

E.

1   'Dâ er daz swert ouch inne hât,
die hant er ofte scho[uwe]n lât:

3.1 *He.* – 2.1 [G]amuret: u *unsicher, eher* a (*M*).   4.6 ich niht *Wi*]
icht.   5.1 in mê] îme.   6 neins *M*, mîns *oder* niemens *G*] niens.
6.2 mir *G*] mich.   4 swarz *G*] *f*.   5 *erg. von G*.
     E. 1.2 *erg. von G*.

diu ist im grôz, lanc unde wîz.
dar an lît wol des wunsches vlîz:
5 si ist gestalt nâch liute site.
vil ofte er mir zeigete:
ich enweiz niht, waz er meinte mite.

2 Die sie ze knappen wellen hân,
die sint dem tiuvel gelîch getân.
sie vüerent zwêne wâtsecke rîch:
von steinen sint si kostelîch.
5 hân ichz geprüevet rehte dort,
sô sint die steine tiure
in eineme siklatûn verworht.

3 Die dise secke vüerent hie,
zwei dromendâr [diu r]iten sie.
als ich in under diu̧ ougen sach,
mîn herze schrickes mir verjach:
5 die zeṇe in ûz dem munde gân
alsam zwên eberen wilden,
die wetzende vor hunden stân.'

4 N.. – – gelouben daz ell– – starken in den k– – de
tut vns grote– – brust ist iz ein m[an]– – vf gerichte[t]
s ho– – im gestri[t]en kan.– –
5 Sin ysen krap[en]– – swelch end[es]– – ge dranc da
slet iz– – lich ..er swertes– – den schilt dē iz vns– –
da mit iz w.. kā– – scirmens... st– –
6 Vor dem tiere– – rt vom wo– – veste werc vurt– –

1.5 liuten. 6 ofter mir. mir sie *B*. 2.2 tubele. 8 vüerent] .uren.
wâtsecke *G*]wasecke. 7 verwort. 3.2 *erg. von B*. 6 wilde. *Er-
gänzungen:* 4 de tut vns grote[n scaden, vnz an die] brust ist iz ein
m[an, iz scritet] vf gerichte, s ho[ves niemen] im gestri[t]en kan *M*.
5.1.2 *M*.

listen swen iz da-- manc zv hant-- schilt vnde
h..we-- zv decheine.arg--

F.

1   --sie nicht ge winnē --ch herter den ein --in
tubel im den zi --vnde ouch uon liu[ten] --e des
scame der --dem ich doch uil
2   --in uf der strazen --hette ouch uor vns --[s]az
der greue [u]on [massidam den g]esten al so nahe. qā
--iz zv ge sprach wer --ort der zelt im sel[ben]
3   --haben sie sich gewāt --es namens inde [hant
de sper de] sint uon rore starc --[a]nder tsost sich
brach --[sin]t ge wort von golde --hare scarf ir snidē
vn̄ ir ort.

4   3   '... künic iht bekant,
den man dâ Tîrol hât genant,
5   nû hât in elelende brâht,
daz wir bî disen vlecken
des edelen ofte hân gedâht.

5   Diu rede ẹnhalf niht umbẹ ein hâr:
sie gâhten alle vor mir dar,
dô Maymete wart genant
und ouch ir got her Tervigant.

F. *Ergänzungen:* 1 lie nicht gewinnen [mâl, ez was no]ch herter den
ein [stâl] *B.* h. den ein [adamas] *M.*   1.1 *M.*   2.1 *L.*   2.3.4 *M.*
sel[ben ungemach] *M.*

3 *Herstellungsversuch von M:*
[Zer tioste] haben sie sich gewant
--es namens in de [hant
de sper de] sint von rore starc
[ir deheiner a]n der tiost sich barch
[ir swerte knophe sin]t gewort
von golde; [in sint gelich eim] hare
scarf ir sniden vnd ir ort.

5 vil sper ûf sie gestochen wart:
 daz gulden sie hin wider alsô,
  daz dâ niht schilde wart gespart.

6 Diu êrste tjost, diu dâ geschach,
 als mir mîn marschalc sît verjach,
 die tete der grêve von Massidam
 und der burcgrêve Sigeram:
5 mit hurte sie ûf einander triben.
 ich klage mîn hôhen mâge:
  die sint beide tôt beliben.

7 Sô ritterlîchez anekomen
 wart nie *von* tjoste mê vernomen:
 ze reht[er] mâze ir galopeiz
 von . . .'

G.

1 '. . . . .
5 [daz ge]twerc torste ez niht [lâ]n,
 die wîle die herren vor im sint.
  nû *waz* ob ez daz tier iht man?

2 Von dem getwerge wart geschrît.
 ze hant daz tier mit sprüngen wît
 vert mitten her in unse schar:
 wir drungen ouch mit im dar.
5 sîn swert ist swære und alsô scharf,
 durch alliu wâpen man der slege
  wan eines zuo dem tôde darf.

5.6 hin *L*] hie. 6.1 zoist. 6 clag. hôhen *L*, houbet– *G*] hoben.
7 bliben. 7.2 von *M*, an *B*] *f*.
 G. 1.5 *erg. von M*. 7 waz *M*, seht *B*] *f*. iht *M*] ich.
 2.1 Vom dem. 7 Wan *Wi, M*]ouch.

3   Daz merwunder liez ich sîn.
    dô kârtẹ ich an die herren bî
    mit sehs und drîzic mîner man.
    ob ich die wârheit sprechen kan,
5   die hânt die zwêne mir geslagen
    und dise zwênẹ erkratzet.
      waz ist, daz ich von dem tiuvel sagen?

4   Dâ wâren herren und diu diet,
    die nôte von ein[ander schiet] . . .'

5   kurn den- - wir wer- - zv wer- - ist ge sa- - trage
    ub' n- -
6   Det h- - den- - des sint ir- - mit sw'- - nv ko- -
    lazet. . arf- - de bi der- -
7   Vf der- - min- - le der mit- - kegen mir- - heiz
    mich- - den schilt d- - merwnd'- -
8   Mit cla- - hielt- -

H.

1   - -guten h' - -vo. dem - -daz tor
2   - -er drang - -e nicht - -h ich solde h= - -[ke]gen
    der gre[uinne] - -[b]at mich h' - -tribe wor - -in dem
3   - -den .[g]e sunt - -wol vurnā - -[v]rage er bal - -z
    ein cappel[an] - -im eine k'[zen] - -[n]acht so vin[ster]
    - -ent er an daz tor.
4   - -uf - -im da vor - -wirt nam ī - -kust al hie . . .

5   5 '. . . . . lüge.
    der kapellân getrûwet niht,
      daz got im iht gehelfen müge.'

3.7 vomdem tubele   4.2 *erg. von G.*

H. *Ergänzungen:* 2.1 *He.*   2 *M* (greue *oder* greuinne).   3 *He.*
3.1 *L.*   2 *B.*   3 *L.*   4 *M.*   5.6 *He.* - 5.7 iht *M,* noch *G*] nicht.

6   Der wirt geloubete sunder wân,
daz Lûzifer wǣrę ûz gelân:
vil manic kriuzę er niht verbirt.
ze hant dô rief der selbe wirt
5 hin umbe nâch dem kapellân:
'nû bringet wîrouch unde buoch,
daz mich der tiuvel welle lân.'

7   Der wirt der muostę in sorgen stân.
von dannen stoup der kapellân
in ein gadem, daz er veste vant:
die tür warf er dâ ze hant.
5 kegen sîner vrouwen er dô jach:
'mînen herren vüert der tiuvel hinnen:
mit mînen ougen ich daz sach.'

8   Der knappę in grôzen êren stât,
der noch die kerzen vor im hât.
sînen herren woldę er râtes wern:
'ir seht wol, wes die geste gern . . .'

6.₃ verbirt *G*] verbreit. ₅ den k. ₇ Daz mich *M*, Ob uns *G*] *f*.
7.₃ ein *G*] eim. ₄ tür *G*] *f*. ₅ sîner *M*] sinē. 8.₁ *st*. êren *l*. sorgen
M, engsten *Wi*. ₈ wolder r.